90后，大学生了没

麦 田◎编著

哈尔滨出版社
HARBIN PUBLISHING HOUSE

图书在版编目（CIP）数据

90后，大学生了没/麦田编著.—哈尔滨：哈尔滨出版社，2012.7

ISBN 978-7-5484-1208-3

Ⅰ. ①9… Ⅱ. ①麦… Ⅲ. ①大学生—学生生活 Ⅳ. ①G645.5

中国版本图书馆CIP数据核字（2012）第115402号

书　　名：90后，大学生了没

作　　者：麦　田　编著
责任编辑：王　健　闵　锐
责任审校：李　战
封面设计：上尚装帧设计

出版发行：哈尔滨出版社（Harbin Publishing House）
社　　址：哈尔滨市香坊区泰山路82-9号　**邮编：** 150090
经　　销：全国新华书店
印　　刷：北京市文林印务有限公司
网　　址：www.hrbcbs.com　www.mifengniao.com
E-mail：hrbcbs@yeah.net
编辑版权热线：（0451）87900272　87900273
邮购热线：4006900345（0451）87900345　87900299　或登录**蜜蜂鸟**网站购买
销售热线：（0451）87900201　87900202　87900203

开　　本：787mm×1092mm　1/16　**印张：**14　**彩插：**9页　**字数：**221千字
版　　次：2012年8月第1版
印　　次：2012年8月第1次印刷
书　　号：ISBN 978-7-5484-1208-3
定　　价：26.80元

序

写给未来的我们

90后，青春已经往前走了那么一小截儿，却还是没穿起成熟的外衣，天不怕地不怕地随意溜达着。生活隔着一道门缝儿，你我悄悄地站在门后，好奇地向外张望着。

四年的时光有多长？我们从装大人到真正地变成大人。我们曾经那么热爱穿越，穿越到历史，凭借着现代的智慧创造一个属于我们的小世界；我们曾经无比眷恋那部连载了十多年的漫画，为最后的告别篇痛哭流涕……可是后来我们终于发现，我们最想穿越回去的，还是那些属于自己的早已不存在的童年和少年；而我们眷恋的，是漫画中那些历经十多年依然青春不灭的热血少年。

也许很久之后，我们之前的一切会历历在目，我们将会记得监考老师留在黑板上的“嘉措体”，我们将会记得曾经那一场刻骨铭心的校园之恋；当奔波在都市繁华的人流中时，会对打打闹闹一身非主流的男生女生们微微一笑，那种像最单纯的动物一样，凭借着花哨的外表引起关注的行为，好像当年自己也做过；看见屏幕上蹦蹦跳跳的动漫少女时，也会忍不住在心中喊道：“飞翔吧，少年！”那些有关青春的片段，犹如从寂寞长河中捧起的一汪清水，刚沁入人心，却又缓缓流走。

记得那时候，我们总是在网上说：90后不是不乖，只是太孤单。

我们嚣张地挥霍着青春，找一个自以为忧伤的借口。

然后和那群狐朋狗友用四年的时间来证明当初的自己是多么的二，我们一起上课、学习、翘课，在考试到来的时候悄悄跑去孔庙上香；我们一起骑着单车逛遍城市的大街小巷，耳边呼啸而过的风是青春的呼喊；我们一起坐在墙角的位置里，兴高采烈地玩着NDS，看着新来的女硕士，不断地吹口哨；我们一起去打工，在剥削阶级的压迫下依然笑得乐呵呵，晚归的路途中，我们互相搭着肩膀，难得的安静。

不知不觉到了毕业典礼，我们正襟危坐地对着镜头傻笑。

挥舞着学士帽，怀着莫名其妙的伤感，冲着青春大喊，再见了。

目 录
Contents

恋爱与交友

读书与兼职

目 录
Contents

穿着与打扮

奇闻与趣事

时尚与潮流

目 录 Contents

校外与社团

生活与自立

目 录
Contents

恋爱与交友

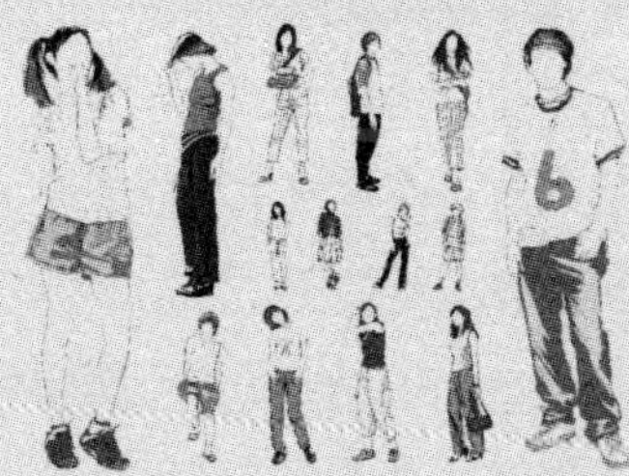

哗！我爱上一个人

看完了《初恋这件小事》，宿舍的姐妹们感动不已，于是凑在一起聊天。聊什么？聊聊我们曾经暗恋过的那个人！

我爱上了一个人。但对他而言，我只是好朋友。我是天秤座，超懒的人，上了QQ只和认识的人说话，却仍旧成天挂着QQ，不离线不隐身，只是为了他在上QQ的时候能看见我，说一声："嘿，你好啊！"

我现在变得很聒噪，尤其是在他也上线的时候。

我经常对他说："你的头像换了，我们班上有女生暗恋你哦……"

渐渐熟悉起来之后，我们经常约着一起出来，找好吃的店。他很喜欢拍照，经常随身带着相机，见到明媚的事物就狂拍。

我站在他身旁默默地看着，他的女朋友很漂亮，是他钟情的类型，明媚靓丽，喜欢穿淡色的裙子，有快乐的气息。

他拿着相机朝我拍了一张，然后走到我面前，笑着说："总是皱着眉头，难看死了。"

我不在乎地笑笑，心里说道："反正你也不在乎。"

我20岁了，原以为自己已经成熟了，却最终颓然地发现，在喜欢的人面前

别扭得像个小孩子。

前两天下了场大暴雨，雨后的天空挂了一道鲜艳的彩虹，我用手机拍下来，然后传给他，高兴地附了一条短信：有彩虹！

“我知道你喜欢。”这句话，不能说出来，也不能编成短信，只能在心里默默地说着，并且诚挚地盼望着世界上能有一种魔法——心灵感应术。

切，真幼稚！

我们一起出去买杂志，明明是眼看着就要下雨的天气，却都忘了带雨伞，两个人就这样被困在书店的玻璃门后。他百无聊赖地翻看着杂志，我目不转睛地盯着外面漫天的大雨，还有在雨中奔走的人和车辆。

看着那些急匆匆的影子，突然间觉得很伤感。

雨水顺着玻璃门往下淌，弯弯曲曲，像一张哭丑的脸。

我就这样暗恋了他一年。大二的时候他离开了学校，去了日本。离开之前他和女朋友分手，那个总是很欢乐的女孩子肆无忌惮地大哭。他走后，我和她一起逛过街看过电影，还去过那家我们一起去过的书店。

我站在碟机前，戴着耳机，听着里面的歌曲，她在絮絮叨叨讲述他们的过往，我把耳机的音量调到最大，但歌词中说的是什么，摘下耳机后全都忘了。

有一句很决绝的话，也很流行——你若不离不弃，我必生死相依。

说出这种话的人，以后多半会后悔。

我开通了微博，关注了他。头像上，他和日本女友抱着一只胖乎乎的猫咪，笑得很开心。

我爱他，不要什么生死相依的傻话。我爱他，只单纯地希望，他也爱我。

可即使是这样简单的心愿，在与现实冲突的时候，也唯有尴尬和伤感。

很想告诉他，自从《非诚勿扰2》之后，他曾经喜欢的仓央嘉措彻底红了，那个流浪在拉萨街头的男子，是世间最美的情郎。如今的人们，可能是钱赚得太多，所以心越来越空虚，希望一场轰轰烈烈的爱情感动我们越来越坚硬的心，可私奔的那对男女，还是被骂得体无完肤。

于是，都市里的寂寞男女们，只能透过电脑屏幕，在大厦林立的钢筋水泥森林中对着网络上那些感人泪下的爱情大呼：我又相信爱情了！

我想这个社会对于爱情之所以有这么多的幻灭感，是因为有太过美好的憧憬和期待。默默地喜欢着一个人，如同在青涩的年纪吟诵一首小诗，而那些遗落在岁月之风中的华丽片段，在微醺之时，则全化为萦绕心头那一瞬的伤感与眷恋。

仅仅是因为这一瞬的悸动，爱情便有了让我们坚持的理由。

唉，为什么没人追我？

经常听到身边的姐妹们抱怨："为什么都没人追我？""我长得很丑吗？"……对于爱情这件事，如果能抱着随缘的态度那固然好，但看着身边的男女同学纷纷坠入情网，有的甚至还没有自己长得漂亮却也有了男朋友，心中自然有些着急和不甘。

如今，是一个崇尚自我个性的年代。记得以前上高中的时候，我整天只穿宽宽大大的运动服，更加可怕的是，从来不穿色彩鲜艳的衣服。为什么？因为曾经暗恋的男生就是阳光型的运动男生，于是下意识地想要模仿他，尽量和他像一些，却不知因此失去了个性。那时多么单纯幼稚，对于男女之间的差别还只停留在身体特征上……于是，很可悲的，暗恋已久的男生将我视为了好哥们儿……

想要吸引异性的目光，美是肯定需要的。有人说，最美丽的应该是心灵而不是外表。这句话没错，但身为女性的女大学生们为何不让外表修炼得如同心灵一样美好呢？塑造美丽的外表其实也正是在帮助女性培养美丽的生活态度，而不仅仅只是为了吸引异性的目光。"为什么没人追我？"在问出这句话的时候，首先应该问问自己，你本身有什么值得别人追求的？

其实，无论男性还是女性，对于对象的相貌要求不是那么高，起码没有我们想象得那么高。比起相貌，对方更注重的是你的整体形象。一个女生如果只是外貌美丽，却总出口成"脏"，我想那会是众多男生避之唯恐不及的对象。

在参加联谊会之前，你是否已经检查过自己的发型妆容、服装搭配以及手指眼睛耳朵牙齿的洁净？与异性面对面交谈用餐时，是否注意到自己说话的方式、音量，甚至用词的恰当？……

在此，给那些渴望大学恋情的男女们奉上几条恋爱箴言：

第一，恋爱的同时不要忽视学业，爱情，即使付出也不一定得到回报，学业却相反，它是你一笔夺不走的财富；

第二，良好的内涵和修养不是书中刻板的教条，而是一种魅力；

第三，学会最基本的服装搭配，懂得塑造自己的个人风格；

第四，学会在爱情中保持一颗清醒冷静的头脑，懂得自爱。

郁闷，毕业那天就失恋！

刚进校的时候因为社团活动认识了几位学姐，因为每天的跆拳道课程，大家自然而然地就熟起来。学姐们都有男朋友，基本上都是同校的男生。

我的班导是个漂亮女人，家有一夫一子，丈夫在学校专门负责对外交流事宜。我眼中的班导虽然年过三十，却依然对生活充满热情，心态与美貌都不亚于二十多岁的女孩儿。刚进校时她就告诉我们，恋爱是大学的必修课。她和老公相识于大学，但能像他们一样一条胡同走过黑暗走到光明的毕竟是少数。

学姐们的爱情相继于毕业前告吹。其中一位学姐很平静，她是本地人，父母早就托关系，毕业后能直接读研究生，而她的男友是独子，家中也早就为他铺好了道路。他们的分手就像当初彼此的相恋一样，水到渠成，不由自主。往往这样的恋情更令人神伤，因为从最开始，这就是一场基本可以预见到结局的爱情，只是那时还没能想到长久。就好像手里终于有了钱的孩子，不管明天能不能吃饱饭都把它花掉，只想尝尝早就渴望已久的糖果。分手之后的学姐又马上投入到对未来的规划中，偶尔会在线和我聊聊天。她最喜欢说的一句话：“上帝摇头说NO，因为他想给你更好的。”

她其实是在告诉自己，离别没有什么可惜的，未来还有很多美好的东西，不要悲伤，不要难过，你终究会得到应得的。

毕业前夕，忙忙碌碌之后就是吃吃喝喝，有的人喝醉了，有的人欢欢喜喜。被男友抛弃的女生们结成同盟，啤酒喝了一瓶又一瓶，边喝边细数着男友的种种不是。然后回到宿舍撒酒疯，掏出手机拨前男友的电话，也不管接没接通，对着那边就是一通儿狂骂。她也没有幸免，男友读书很厉害，人长得瘦高清秀，恋爱时对她呵护备至，所以在毕业渐行渐近的时候，她依然没有嗅到不安稳的气息，依然沉浸在甜蜜的爱情里，直到某一天男友亲口对她说："对不起。"

她对着电话那边失态地哭喊："我们就不能一起努力吗？我早就把你规划进了我的人生，我们会好下去的……"前男友却很快挂断了电话，她在众人的注视下可怜地钻进被窝，捂着头痛哭。

教英语的班导曾经说过一句话："Love is kind，Love is patient。"

爱情所需的恩慈和耐心太大，以至于我们都失去了信心。班导也去劝过那些毕业分手的男生女生，最终却都只归为："你真的喜欢他吗？你愿意为他放弃你现在的工作吗？你有将他计划到自己的未来中吗？你能对他负责吗？……如果不能，那不是说你不爱他，只是那份爱远远没有你认为的那么深沉罢了。"

也许，确实有那么一些人在学生时期寻觅到了真爱，但也许，更多的人属于高瞻远瞩型，离别的感伤只不过是夹杂在兴奋与渴望中的那么一点点另类的调味剂而已。

即将面临毕业的同学们不妨换个角度思考一下，因为毕业而分手的爱情是真正的爱情吗？他或者她因为一场离别或者其他的诱惑放弃了你。

我个子矮，难道就找不到女友吗？

某堂心理课，老师给女生出了个问题：你心目中的男友应该具备什么条件？答案五花八门，但被提及最多的是：个子要高。这让一些个子稍矮的男生表示压力很大。

个子真的那么重要吗？我们的社团指导老师是个跆拳道教练，有一家跆拳道馆。他的个子很矮，但安全感这种问题在谁眼里都不是问题，因为哪怕是一米八几的大汉，也很容易就被他收拾。

所以，个子真的不是那么重要。心理学家认为，判断两个人是否适合“牵手”，应考虑以下几个因素：无条件地喜欢和对方在一起；容易沟通、坦白，不必担心被怀疑轻视；有共同的理念和价值观；彼此了解并接纳对方的优缺点。

当然，有些女孩希望找个高个子男孩，不仅仅是为了自己，也是为了下一代的需要。不过这也只是个愿望，一切还要具体问题具体分析。两个人相爱，最重要的不是外表上的匹配，还有个人魅力。魅力是一件很玄的东西，就好比俗语说的“美女配英雄”，女人大多都爱英雄，但没有事实证明英雄等于高个美男。

如果我爱上了一个男人，绝对不会单单因为他俊朗的外表，他应该睿智沉稳，能够运筹帷幄，就好比杜拉斯的小说《情人》中的开场，男人向她走来，开口说道：“我认识你，永远记得你，那时你还很年轻，人人都说你美，现在，我是特意来告诉你，对我来说，现在的你比年轻时更美，那时你是年轻女人，与你那时的相貌相比，我更爱你现在备受摧残的面容。”

没有经历一场真正的爱情，就无法理解那种深入骨髓非你不可的爱恋。

还是那句老话，上帝关了一扇门，就必然为你打开一扇窗。当全俄罗斯女孩都在高唱“嫁人要嫁普京”时，你知道普京只有一米七吗？相对的，传说在非洲某个部落，女人的肥胖是美丽和丰衣足食的象征，瘦女人在那里基本上嫁不出去——这也让我很向往啊！

如果没有办法接受可怕高危的断骨增高术，那么矮个子男孩们，还是尽早磨炼自己吧！要知道施瓦辛格曾经也只是个瘦弱男孩。

我要谈恋爱，我要同居

我们90后，有自己的思想，对待爱情也是如此。我的青春我做主！同宿舍的小云搬出学校宿舍，和男友一同在外面租房子，还邀请我们去她的小家做客。

其实，如今大学生对待同居这件事也抱着越来越开放的态度。大学校园中就流传着这样一句话："大学同居最多后悔四年，不同居后悔一辈子。"

脱离了十二年应试教育的束缚，远离了家人的管制，学校的氛围变得宽松起来，在这样的条件下，我们对外来思想较为容易接受，也乐于尝试。

社会上对这一现象的评价不外乎三种：反对，赞成，中立。

反对者认为，大学生虽然身体已经成熟，但毕竟还是学生，学生的重心应该放在学习上，而且大学生对于爱情的理解并不完善也不成熟，也许仅仅是因为彼此喜欢就同居。生活在急功近利的社会现实中，大学生们不可避免地也会受到一些不好的影响，比如责任意识淡薄。男生发生婚前性行为也许对他往后的人生来说并没有太大的影响，但对女生的身心方面却会造成很大的消极影响。

赞成者认为爱情是自然而然的事，因为很喜欢所以才会对对方的身体产生性方面的需要。这是很正常的事情，既然男女双方都同意，也就是你情我愿的事情，何必横加阻挠。爱情是两个人的事，如果往后真的分手，那也是很正常的，为什么非要用女生身心受伤为理由来反对呢？

相较于观点鲜明的两方，中立者则认为如果实在爱到了你死我活的地步，反对其同居反而会产生适得其反的效果。有一个被称为"罗密欧与朱丽叶效应"的心理学称谓——爱情愈被阻止就愈发坚固。虽然大学生们对于同居这种问题还是会适当地参考外界的意见，但毕竟身体和感情是自己的，怎么办还是要看当事者。

大学生同居现象的普遍化，是因为大多数学校的管理体制相对宽松，为学生们在外租房同居创造了条件；随着社会意识形态的多元化——越来越多的书刊、网络，甚至影视作品中都反映出了这一现实，也在无形地影响着学生的价值选择。但无论怎样选择，都要对自己负责任。有的女生在谈到“同居”这个问题时很纠结迷茫：“是他主动提出来的，好像如果我不同意的话就是不爱他”，“我不赞同婚前性行为，但爱都爱了，有什么办法呢”。

正如著名性研究学者李银河所说，中外大学生都有同居的现象，不让中国大学生同居好像有点儿不人道，只要不影响学业，就不会产生太大的问题。但毕竟爱情不是同居的借口，除了两相情愿，还要考虑更多的问题。总之，在面对这类问题时应该多些理性，少些冲动，对自己负责，对爱情负责。

我爱上了他，但是他的相貌实在太慌张

爱他的温柔包容，爱他的呵护备至……什么？却独独忍受不了他帅得不明显的脸？爱一个人，真的要能忍受他的一切？同班好友小萱陷入爱情迷局，可是……抱着我哭也没用啊！

小萱是个万人迷，当然，这仅仅是从外表上来说。小萱是狮子座，完整地秉承了狮子座大女人暴脾气的特性。刚入学的时候小萱和外校的男生谈过一场恋爱，对方是个标准的富二代，花花公子型，对方一脚踏多船，还总是和女生保持暧昧关系的流言飞语也不是一两天的事。小萱脾气暴躁，眼里揉不得沙子，在装了半个月的淑女之后，主动和男友摊牌，豪爽地把男友给踢了。

小萱一直有个仰慕者M，我曾经开玩笑地说，那个男生一定是有被虐待倾向，不然怎么会喜欢你那么长时间。M是小萱的高中同学，从高一就开始暗恋她，心甘情愿地做奴仆，平常买零食买饭，陪她逛街拎袋子，每逢小萱的生日，他总是送上贴心的礼物，对小萱身边的朋友也是礼遇有加，有求必应。

小萱曾经心动过，但她也说，M什么都好，就是长相太抱歉，做朋友可

以，做男朋友的话绝对不行，毕竟也要为下一代考虑。M在另外一个城市上大学，但每次放长假他都会坐飞机来看望小萱。每次不仅会给小萱带礼物，而且还会带上我们这些朋友的。他知道小萱不怎么喜欢和他单独逛街看电影，于是就主动邀请我们这些朋友一道同行。

这次“五一”的时候，M又坐飞机来看望小萱。出人意料的是，在他来之前，小萱主动约我去找宾馆安排他的住宿问题。天要下红雨，小萱何尝这么贴心过。小萱支支吾吾地说道：“有时候看着他一个人怪可怜的。”我点点头，然后她继续爆料：“其实，我们前几天通过电话，我想还是交往一段时间看看吧。”

我心宽慰，M终于修成正果。

本来以为这是结局，没想到却是另外一个开始。

小萱虽然性格急躁，口无遮拦，但出乎意料地拥有大批忠实男粉丝（越被骂越兴奋……难不成都是受虐狂？），因为这，小萱遭到很多女生的排挤。如今小萱和一个长相抱歉的男生交往——从表面上看这对组合确实很怪异，所以不可避免地遭到了女生们的挤对，就有人说她“是个标准的拜金女，她和那个丑男好是看上了人家的钱”。小萱确实是个拜金女，但这是因为她家境优裕的缘故，她还没到要外人来养的地步。女生们将矛头一致指向M，反正M是小萱的男朋友，打击他就相当于打击小萱。

小萱很矛盾，一方面，她是真的爱上了M，他足够温柔足够耐心，能包容她的一切缺点；另外一方面，她也有小女生的虚荣心，受不了其他人总是在背后嘲笑M的相貌。后来M又提出要来这边给小萱过生日，小萱有些为难地拒绝了M，撒谎说自己最近很忙，让他不要过来。感觉到M宽容之后的黯然，小萱也不知道到底该怎么办。小萱说过，她心目中的好男人就是像M这样的，虽然不帅，但是温柔体贴有责任心，能包容自己的缺点。从中学到大学，她交往过不少有钱又帅的男生，但没有人能像M那样，给她带来那种自在舒心的感觉。

她是自私而虚荣的，没有耐心去完成一场真正的爱情。

作为旁观者，除了同情一下M之外，也希望小萱能在成长中慢慢褪去那份可怜可悲的虚荣心。正如歌中唱的那样：“世界上，两个人，能相遇不容易。”

更何况是相爱呢？

她总喜欢跟我吵架，这就是传说中的刺激?

网游世界中，你是脚踏七彩祥云的盖世英雄，我是纵横江湖的奇女子，在恢弘的架空世界中，我们上演着可以与各种穿越小说相媲美的爱情故事，惊天地泣鬼神，直教人生死相许！可是现实中，我看到的姜皎总是和男友王叔远吵架，最近更是闹到了分手地步。难不成90后真的视爱情如儿戏?

王叔远和姜皎确切来说是通过网络游戏相恋的。学校社团联合会在社团活动月的时候举办了一场网络游戏比赛，我们班上的姜皎作为唯一的女生，同王叔远的哥们儿组团，最后得到了团队比赛的第一名。拿到奖金后，他们在校外聚餐的时候，姜皎的出现让王叔远眼前为之一亮。姜皎是北方人，性格中带着北方人的爽直大气，喝起酒来也丝毫不扭捏，酒量好得让身为男生的王叔远汗颜。聊天的时候姜皎得知王叔远和自己玩同一款网游，于是在散场之后两人互相留了QQ号码。之后两人在网游中不断组队打怪升级，王叔远还把很多顶级的装备送给了姜皎，两人的感情大有一日千里之势，而且在现实生活中又是同学，所以走到一起就自然而然了。

但没过多长时间裂痕就出现了，王叔远很苦恼，姜皎总喜欢找他吵架。一次两次三次四次王叔远都忍了，可有一次姜皎竟然在自己的哥们儿面前突然和他吵起来，仅仅是因为几句话不和。这让王叔远感觉很窝囊，他好歹也是个男生，这也太糟践人了。就是从那时候开始，王叔远开始反抗姜皎。两人一聚在一起就会不断地争吵。本来在网上说好了，两人约出来就是谈谈心，有什么不满彻底摊开了说，别整天吵吵闹闹，连恋爱的心情都没有了。可谈话一开始，姜皎就大诉苦水："我为什么要和你吵架？你看看你做的那些事情。删我的电话号码？你凭什么删我的电话号码？我自己的交际圈子和朋友，你为什么要干涉？还有你玩新游戏就拉着我一起玩，还只能和你一起下副本，我为什么偏偏只能和你一起下副本？你不让我和其他网友聊天，那你自己呢？你别以为我不知道，你还不是开个小号去和女网友结婚！还有你好不容易和我逛街，我乱花钱怎么了？我就买一件内衣花了三百，那怎么了？我要你出钱了吗？再说你出得起吗？你舍得吗？

那天不仅仅王叔远，他一宿舍的哥们儿也都接受了来自姜皎和女方亲友团狂风暴雨般的洗礼。姜皎的酒量一向好得出奇，可那天不知为什么喝着骂着就醉了，王叔远悄悄地坐过去，在桌子下拉着她的手，轻声说道："老婆，我有一套顶级装备，好多人买我都不卖，等回去我给你哈！"姜皎顿时就哭了："我没有真的怪你，我只是天生脾气坏，很少能找到一个男的像你这么容忍我了……"

王叔远心里不禁想："就是！你把我骂跑了，以后谁挨你的骂啊？"

王叔远的亲友团告诉他：年轻人谈恋爱，都有个磨合期，难免会有些小摩擦；你要是真心实意地喜欢这姑娘，就多些包容多些理解，别再做些什么删她号码换电话卡之类的傻事；女生都一个德行，你换了她的电话卡，第二天新的号码又发给那些朋友了；女人都是兔子，狡兔有三窟，所以要学会淡定。

情侣都免不了吵架，毕竟两人生活环境不同，对待同一件事情的看法态度也不尽相同。两个人谈恋爱，总是有种患得患失的感觉。小吵怡情，大吵乱性。真的喜欢就应该学会互相包容迁就，否则，现在容忍不了往后也不会有多大长进。虽然是劝和不劝分，但如果以后还是吵得昏天暗地六亲不认的话，还是早点儿分了吧，然后潇洒地说一声："Good bye！祝你幸福！"

拜托，我已成年，我有自己的爱情观

谈婚论嫁这种事就和工作一个性质，年龄到了，经验足了，就自然而然开始了。找工作要竞争上岗，结婚之前也要面临频繁的相亲。

只是我们90后还没作好准备。我要看芒果台，我要看流星雨，我要穿越！

今年暑假回家，老妈对我出奇的好。忐忑地抱着扑上来的蝴蝶犬刚坐好，一脸微笑的老妈就给我倒了杯茶。电视里正在播放《蜗居》，小贝哭得正凄惨。

老妈一手搭在我肩膀上，颇似跟下属谈心的老领导。我往旁边挪了挪，赶忙大声呼唤老爸的名字，这种时候找个挡箭牌是很有必要的。老爸正在阳台浇水，往这边瞟了一眼，然后又继续吹着口哨，悠然地侍弄起他的花草来。得了，准是提前被老妈知会了。

“那个，玲儿啊，都上大学了，有男朋友了吗？”

我边揪狗毛边说道：“这个，目前没有。”

老妈笑得愈发灿烂，表情高深莫测：“这个可以有。”

我气虚：“这个真没有……”

老妈叹了一口气，笑容愈发深沉，内涵愈发深邃：“没关系没关系，咱没必要舍近求远，妈妈问你啊，你还记得对面的李阿姨吗？”

我点了点头。

“那你还记得李阿姨哥哥家的二儿子吗？就是她的侄子啊，以前你见过的，高二的时候他来你李阿姨家住过一段时间。哎哟！那个小伙子，那时多喜欢来咱家借盐借醋，还不是为了多看你几眼。”

“哦，”我点点头，若有所思地说，“想起来了，你不是特不待见他吗？”

“当时不是还小吗？那时他还是高中生，一切以考大学为主嘛。”

“什么意思？”

“就是大家吃个饭，看一看合不合眼。”

“相亲？年龄不合适吧，不用这么快吧？”

“我当年在你这个年纪就和你爸爸结婚了，女人的年纪摆在那里，还是早点儿谈好，说不定大学毕业后不久就可以结婚了……”老妈说得一脸喜滋滋的，神采飞扬。

我猛烈摇头抗议：“不要，我才不要那么快相亲，妈妈，我有自己的理想，我还要拼事业，这么早结婚以后会后悔的。”

“我和你爸当年都是这样过来的，现在后悔了吗？”

“没有！”应声虫老爸坚决贯彻以老婆为中心的指导方针。

相亲就相亲呗，反正相亲不等于订婚，反正开学之后自己还是要回学校去的。过了几天，约定好时间之后就在一家餐厅见了面。

我看着当年那个腼腆的大男生，现在还是一样的腼腆。听他妈介绍说，他当年高考失利，原本家里打算让他去复读，或者是送到国外留学。可他对学习实在没什么兴趣，于是干脆帮他爸爸打理公司业务。

妈妈很满意："现在的大学生有什么用？最多也就是教教书，做做公司白领，还不是一辈子的劳碌命。我就告诉我家女儿，以后嫁人千万不要嫁什么学历高的。那些高才生都是眼高手低，嫁过去要受气的。"

"那你们家玲儿，大学毕业还回来吗？"

我刚要说话，老妈就一顿抢白："肯定是要回来的，我家就这么一个女儿。"

"妈，原来不是说好去留学吗？"我终于忍不住。

"你是女孩子啊，你现在几岁了？读完大学多大了？留学回来就老了，彻底老了，成老姑娘了，都没人要了！"

"你的想法过时了！我一定要出国留学的，当初都说好的，还有结什么婚？我要四十岁才生孩子！"

对面的男生和他的家长一脸尴尬地看着这个场面，老妈快被气疯了。

"四十岁生孩子，你疯了是不是？"

"四十岁生孩子可以延长更年期，还可以长寿，真的。"

这场相亲宴最终不欢而散，回到家老妈开始发飙，我也干脆据理力争。

"我都成年了，有自己的爱情观，我清清楚楚地知道自己未来要嫁什么样的人。我也告诉您，那个男生我不喜欢！以前是以前，您真的那么看好他，当年就应该让我和他早恋啊，没准还能培养出点儿什么呢！您现在让我跟他相亲算怎么一回事儿啊？"

"你翅膀硬了就想飞了，是不是？告诉你，想都别想！出什么国留什么学，我不准！"

"您别总拿这些来威胁我，行不行啊？您怎么这么幼稚啊？"

这样的争吵一直持续到开学，我离开以后老妈才知道想念，隔三差五地和我煲电话粥，有时候还上网视频聊天。老妈还是那个老妈，坚决贯彻大学毕业就嫁人，一年以后就抱娃娃的封建思想。

唉，我只能仰天长叹，计划下个作战方针呗！

我是男生，我想泡她

大学啊，谈恋爱的年纪，试问："哪个少女不怀春，哪个少年不钟情？"

以前还是中学生的时候，看那些男生骑着辆破单车，潇洒地往小女生面前一刹车，尘土飞扬中拿出一枝玫瑰花，笑得像长了一张土豆脸的皮卡丘："美女，做我老婆好不好哇？"

现在成年了上大学了，还想用这招糊弄新时代的90后？太土了吧？现在泡女生，成本高了，技术要求熟练了，咱们90后姑娘们不再是那些年一根棉花糖就可以惊喜得乐呵呵的傻妞了。

新世纪的爱情攻坚战，什么最重要？心理战！打仗就得知己知彼，你知道女生最讨厌啥样的男生？

衣冠不整：女生都是喜欢浪漫的，十多年的韩剧不是白看的，虽然说长大之后会渐渐变得现实起来，但是在宿舍里邋里邋遢的男生还是要切记，女生不喜欢男生衣冠不整油光满面。无论衣服贵贱，至少要干干净净才行。

抠门：如今有钱的男人不一定受欢迎，正如有的女生所说，哪怕他再有钱，不舍得花还有什么意思？所以说，大学男生，你们可以没有钱，但和女朋友在一起的话，还是要适时地舍得为她花钱。恋爱中的女生并不是蛮不讲理，你对她足够体贴温柔，她也会体贴你的钱包，这和力的相互作用是一个道理。

太老实：咱们90后女生认为，所谓老实的男人是没有的，男人骨子里的本质都是一样的。所谓花心男人和老实男人，区别只是在于后者受到的诱惑不大而已。而且中国人往往有这样的想法，别人花心至少花在表面上，老实人花心那是闷在心里，多邪恶！男生不要太老实，要偶尔要点儿小心思，撒点甜蜜的谎言……但是切记要把握尺度，不要变成欺骗。

唯命是从：如今的女生大半有着一颗坚强的心，都是巾帼不让须眉的人物，看看现实中和电视剧中的那些女强人就知道了。但是女人再怎么强势，那也是虚张声势，一切女强人都是母老虎，当然，是纸糊的。外表无论多么强硬的女生，依然渴望着被人爱。当面对这类女生时，男生们除了要怀着一颗珍惜的心之外，还要在该强势的时候强势，男人偶尔的大男子主义会给女生带来安全感。男生还要有自己的生活社交圈，不要总是围着女友转。女生要的是男朋友，不是男仆人。

逼得太紧：男生太黏女朋友，那像什么话？即便抛开大男子主义，男生也应该和女生保持适当的距离，不要逼得太紧，不要总是黏了吧唧地翻看女友的手机、删除女友的好友、每天质问……人都是独立的个体，都需要自己的生活空间，自己的秘密连最亲密的恋人都不能告诉。何必刨根问底，步步紧逼？爱情原本就是自由的，总是受到束缚的爱情谁喜欢？

心浮气躁：如今很多女生喜欢年龄比较大的叔叔级男人，在她们眼中，那些男人代表的是成熟稳重，是如大山一般厚重的安全感。当然，以上的东西都是在岁月中磨砺出来的，男生何不从现在就开始培养呢？要知道，女生都是缺乏安全感的生物。遇到问题就大惊失色，比女生还慌张的男生，是不会有市场的。

我是小女子，我想被他泡一下

女生大多习惯了被男生追逐，当出现一个心仪的男生时，习惯了被动的女生往往手足无措，虽然心里思念着，但却只能眼巴巴地看。

大一的陈雪和我在同一个社团，刚进社团就喜欢上了同社团的一个男生。陈雪身边一直不乏追求者，对她而言，爱情从来都是她选择别人。

可面对着喜欢的男生，陈雪犯了难，自己主动吧，担心男生不仅不接受，还会觉得她轻浮。不主动吧，害怕他始终不知道自己的心意，平白无故地错过了。自尊心在作祟，陈雪始终只能偷偷地关注着男生，看着他和其他的女生谈笑风生，自己却无论如何也没有办法走上去跟他打声招呼，甚至当他主动走过来的时候，陈雪都会突然低下头去，然后绷着脸紧张地走开。

这下坏了，那个男生以为陈雪讨厌他……

男生也是有自尊心的，当平白无故受到陈雪的“冷遇”之后，男生选择了和她保持距离。原本就很一般的关系，在陈雪强烈自尊心的挑拨下，渐渐地往更坏的地步发展。陈雪知道自己没有办法和他在一起，因为她只要站在他身边，身体就会不由自主地紧张起来，大脑就会一片空白，无法思考。陈雪只能全神贯注地捕捉着他的每一次呼吸、每一次笑声……她觉得自己像个爱偷窥的怪人。

要怎么样才能让男生主动来追求自己呢？在这里，女生们应该运用一些小心机。

第一，吸引男生的目光。

想让一个男生注意你喜欢你，首要前提是将他的目光吸引到你身上。在社团工作中，女生可以积极一点，主动展示自己的才华，但也要把握好度，不要让人觉得有过分表现的意图。在平时，要注意说话方式、措辞，随时保持良好的形象。或者干脆换个发型，发型对一个人的形象至关重要。如果一个人的整体造型需要主次之分的话，发型无疑就是主，改变发型可以让人眼前一亮，从而对你整个人重新进行审视。

第二，暗示。

你不得不相信的是，很多男生是天生的榆木疙瘩脑袋。其实真相是，他们并非真的不解风情，只是一开始就觉得没戏。因此如果你对哪个男生有好感的话，不妨主动给他点儿暗示，可能他马上就开窍了，“哦，原来她对我有意思。”

如果你中意的男生也喜欢你的话，在作出了以上两点的努力之后，不用过多久，他就会主动追求你。反之，如果他对你真的不感冒，这个时候就要选择急流勇退，不要固执，天涯何处无芳草，你终会遇上更适合的。放弃，有时候是善待自己。

我约会了，跟她在一起总害羞，囧

恋爱了，约会了，本是好事，却偏偏遇上了内向害羞男！

“姐妹们快来帮帮忙！”

咱90后姑娘们嚣张开朗无所畏惧，对我们而言一切困难都不是困难，却唯独在喜欢的男生面前手足无措，怎样拿下内向害羞男？我一马当先，深入敌方，替社团的姐妹们打探了一下这个男生是何方神圣？

男生名叫方凌，是个内向的男生，以前中学的时候喜欢过一个女生，从高一到高三，直到毕业那天他都没能说出对女生的爱恋之情。

上大学之后，方凌曾在学长的撮合下和一个女生谈恋爱，可他依然放不开。兄弟们给他支招，说男生不应该太内向的，不然会找不到女朋友的。和女生在一起的时候就应该主动一些，拉她的手啊，约着她去看看电影之类的。像个闷葫芦的话，只会让女生产生错觉——你不喜欢她。

在了解方凌之后，我觉得，每个人都有自己的个性，别人认为追女生和主动与女生约会应该是男生做的事情。但是性格原本就内向的方凌假使真的这么做了，也只可能让对方还有自己觉得别扭而已。人的性格是不可能改变的，我们能做的只是对其进行正确的引导。一个性格原本就内向的人，对因为恋爱而必须改变自己性格这件事情，会产生“这样的恋爱不谈也罢”的想法。

在和女生交往之前，就应该明确地让对方了解自己的性格。至于约会的时候害羞这种事情，真的不可以勉强。我看到过很多大学生陷入爱情的泥淖中，不可自拔。女生宿舍里经常有人因为失恋大哭大闹，让其他不明就里的人很烦躁，社会新闻上也经常播出类似的大学生情杀案。看着报纸上因为爱情问题甚至赔上性命的案例，我感到惋惜。恋爱，不能爱得太用力，因为爱得太用力太自我，往往就会忽视很多显而易见的东西，这其中就包括双方的性格问题。

在当年台湾版的《流星花园》风靡全国的时候，不知多少女生陷入花泽类忧郁的眼神中不能自拔，可假使真的有那么一个忧郁的花样美男和你谈恋爱，你能接受那种性格吗？你能忍受男友睡觉的时间长于和你约会的时间吗？不能了解和接受对方性格的爱情，迟早会出问题的，甚至最后会让自己变得面目可憎起来。

一样米养百样人。这话说的是至理，因为爱一个人而信誓旦旦地保证一定会改变自己的人，往往就是悲剧的源头。

有一本至今仍然十分喜欢的小说，岩井俊二的《情书》。男主角藤井树是个十分内向的人，书中对他的描写是“他喜欢绘画和登山，不是在画画，就是在登山”。书中的藤井树向女友求婚时，因为害羞内向的缘故，一直都没能主动说出口，只是一直默默地坐着，而女友早就知道他买好了求婚戒指，女友了解他的性格，只能无奈地主动提出：“我们结婚吧。”藤井树说：“好啊。”

虽然只是短短的描写，却让人莫名觉得温馨无比。难道爱情就只能属于那些外向开朗的男生？内向的人自有内向人恋爱的方法，也有和恋人相处的模式。

这未必不是幸福。

她答应和我约会啦，去哪呢？愁！

奇囧无比！追了许久的女生终于同意约会，我们班上那名校门不出、宿舍门不迈的著名资深宅男春子急忙向大家发出了“SOS”求救信号。

“那个，除了豆瓣网、微博、QQ之外，还有哪里能约会……”“那个，除了种菜偷菜开餐厅抢车位外，约会还能做什么……”好吧，我抹了一把汗，综合众女生的意见，选出了以下最具90后人气的约会场所！

海边。似乎人类对大海始终有着一种莫名的向往和憧憬，无数的浪漫偶像剧也证明了这一点。海滩、阳光，面对着大海，人的心胸可以宽广起来，并且还可以肆无忌惮地奔跑玩耍。大海的蓝代表浪漫和忧郁，在海边吹着风，目视着潮水的起伏，心情放松的时候最容易打开女生心扉！如果离海边太远，也可以选择去江边，但是切记要避开污水地段……

艺术展。如今的很多博物馆或者画廊都会举行大大小小的艺术展览，或另类或古典。如果你有一定的艺术鉴赏力，对女生来说是相当有魅力的，因为女生都喜欢有才华有见地的男生。所以与其带着女友去网吧，看着你傻呵呵地玩劲舞团，倒不如暂时回归艺术的心灵之旅。一般艺术展附近都会有咖啡厅，而且都很有情调，对培养双方的感情有催化作用。

动漫展。艺术展在当代大学生中算是比较小众的，男大学生更热衷带着女友去参加各种动漫展。熟悉的动漫人物、四处走动的COSER，还有真人代言的游戏，即使她对动漫不感冒，也会被活跃新奇的氛围带动起来。不过奉劝宅男们，在看见萝莉和御姐COSER的时候不要太激动疯狂哦！

电影院。无论是哪个年代，看电影都算得上是恋人约会的必杀绝技。在昏暗紧密的空间里，还有跟随着剧情不断跌宕起伏的心情，在电影男女主人公蓦然回首的一刹那，她也会不由得将头靠在你的肩膀上。女性很容易投入感情，在看电影的同时，她也会不由自主地将你们的恋情带人影片中。但是，男女朋友在看电影时，最好选择浪漫的爱情电影，比较现实的残酷的就自己一个人在宿舍过瘾吧！

弱弱地说，我想分手，怎么搞吗？

记得两人曾经一起牵着手在海边走，记得夏天的风拂过面颊的感觉……恋爱让人觉得美好，但到了分手那一刻，各种理由却令人汗颜！想到曾经被人拒绝的理由，我蹲墙脚画圈圈扎草人……

于是和宿舍的同志们一起召开卧谈会，深入地探讨了90后大学生的分手烂借口！

第一，对方长得太丑了，和他（她）在一起简直是《巴黎圣母院》的现代版，他（她）配不上我的相貌。但直接告诉对方的话怕人家伤心，唉，好苦恼。

分手建议：嫌弃对方长得丑还和人家交往，你刚开始到底抱着什么心态不管，反正一定没有正视就对了，要不就是现在找到了更好的目标。和你这样的人交往也是悲剧，为了对方好，你还是主动提出分手吧，早点让人家脱离你这片苦海。

第二，学习任务太过繁重，没有心思谈恋爱。但如果以学习为理由分手的话，对方一定会觉得这个理由烂到家。怎么办？

分手建议：作为曾经以“学习为重”而被对方拒绝的我而言，这真的是个烂到家的理由。曾经看过一篇文章，里面讲，如果一个人真的爱你的话，哪怕地震海啸，都阻止不了他（她）想要见到你的心情。如果你没有爱上其他人，却真的不想将现有的爱情进行到底的话，任何事情都能成为分手的理由。而真正的原因是，你不够爱他（她），起码你觉得，连啃书都比和他（她）在一起有趣。这样的爱情如果坚持下去的话，只会伤人伤己。毕竟爱情是两个人的事，尽早摊牌。

第三，我爱上了别人。移情别恋这种事情很容易遭到唾弃！我一向的好形象难道就要毁于一旦？不要啊！

分手建议：移情别恋在未婚男女中是很常见的情况，毕竟还没有结婚，也没有爱到非你不可的地步，世界这么大，诱惑这么多，更何况年轻人？移情别恋这种事确实由不得人，我们每个人都有追逐真爱的权利，除了当事者，谁又真的有权利来指责呢？每个人心中对未来恋人都有标准，有的人则始终在追求着心目中的那个理想情人——正如张爱玲所言，爱情兜兜转转来来去去无非就是那三句话：我爱你，我恨你，对不起。

第四，他（她）没钱，未来没保障。这种理由真的很现实，谈恋爱、结婚、买房、买车……什么都要钱，我本来就不富裕，如果对方没钱的话两人岂不是要喝西北风？

分手建议：偶尔听过某些男生聚在一起聊天：“XXX是从XX来的，那个地方的人超有钱的，找女朋友就要找那种。”不仅是男生，女生宿舍大门一关，也是关于金钱和爱情的讨论：“哼，爱情可以当饭吃吗？我宁愿去给有钱人当小三，也不要和穷鬼谈恋爱！”最近看到很多有关大学生的负面报道，什么XXXX学校后面全是名车啊，专门等着接女大学生。爱情本身就是纯粹干净的，钱是保障生活的基础，但不是全部，人生除了金钱外还有很多值得我们追求的东西。大学生们不要一叶蔽目，两人共同奋斗的人生才更加牢固更加有意义。人生本来就是苦比乐多，经历了艰难困苦，才更能明白幸福的珍贵。

恋爱不给力，我得了分手后遗症

室友理梅喝高了，三更半夜才回来，醉醺醺地躺在宿舍床上哼哼唧唧大半天，无措加无奈的我们只能赶快把她送到医院，折腾许久，才被告知肠胃炎发作。

理梅借酒消愁，是因为和男友分手。我不解，难道这样折磨自己，他就会回心转意？

我曾经喜欢过一个男生，可惜是朵烂桃花。那个男生的长相正好符合当下美男标准，瓜子脸杏仁眼，走的还是颓废忧郁路线，把当初情窦初开的小姑娘们招惹得风里来雨里去。我双手奉上的是真心，对方却将它当成泥土踩在脚下。朋友都劝我，放弃吧，这样耗着没意思。可我始终狠不下心放手，总是想着没准下一秒他就会回心转意，意识到我才是最好的那个。

不过这也只是一相情愿罢了。

后来最终因为受不了他的一脚踏多船而彻底分手。时至今日，他曾经对我说的话还记忆犹新："你就非得要做主角吗？"这句话就是我提出分手的导火索，对他而言，他的青春丰富多彩，美女和新奇层出不穷，怎么可能为了一个人就安定下来？对我而言，你和我交往就要一心一意，我为什么不能做这场感情中的女主角？

我一直容忍那么长时间，其实也就是怕自己伤心而已，害怕他根本没有如我所想的那样爱我至深。最本质的，还是自尊问题。

之后我也尝试着开始新的恋情，可当每场恋情都以分手告终之后，我才深刻地意识到，自己患上了分手后遗症。在之后的恋情中，我对自尊的感受力达到了空前，对交往的男生始终带有一种偏见和怀疑。身边的男女朋友或多或少都会有和我同样的分手后遗症，比如小K就很难接受和漂亮性感的女生谈恋爱。他从以往的经验中得出：漂亮女生都是祸水，都贪慕虚荣，都世俗。虽然现在交的女朋友没有前几任那样的姿色，相貌平平，是个勤奋学习的书呆子，却让小K很放心。

理梅在医院里打了三天点滴，而那位前任连脸都没露一下。我看着理梅憔悴的脸，原来那么青春美丽的人，怎么就能把自己糟践到这个地步，仅仅是为了一个根本不爱自己的男生。

真正的爱情不是这个样子！

我下决心要治愈分手后遗症。就在不久之前，烂桃花还托我们俩共同的朋友向我表达复合之意。虽然心里还是很怀念他，虽然那段时间还是经常做梦梦到他，并且还在梦里对他说“我忘不了你”……但我还是拒绝了复合，并且彻底将他的一切信息资料从我的生活中删除。分手后怎么可能做纯粹的朋友，即使有，那也是因为没真正地爱过吧。我想他对我的拒绝一定是暴跳如雷，你看吧，就是这样，这怎么能是真正的爱情呢？从始至终他都高高在上，始终带着施舍的怜悯。

人可以失去一场爱情，但不能丢掉重拾爱情的心。

身体会对伤害性的动作产生条件反射，比身体更为敏感的感情也是如此，这就是生物趋利避害的本性，是一种保护手段。所以患上分手后遗症的同学不要自怨自艾，不要觉得是自己在犯贱，就当是生了一场大病，康复后身体就会产生“烂桃花”抗体。

不做闷骚族，我要交友

社团来了一批新成员，热闹之余还可以养养眼。某天几个成员凑在一起聊天，指着对面几个低头玩手机的男生悄悄说道：“一看这货就是闷骚。”

闷骚？何解？不知道？身为90后，怎么能这么落伍？太给组织丢脸了，

优雅的气质如同世间最美的珠宝，在繁花过眼的岁月中淬炼出一种永恒的光彩。欣赏优雅的气质男女，如同欣赏一件完美的艺术产品，你可以从中发现色彩的搭配、光影的衬托，甚至每一个动作的弧度都尽善尽美。

从我们还是小孩子的时候，就一直在欣赏那些动画片中美好的王子公主般的童话爱情，虽然年纪长了，但越是接触到更多的现实，对那种浪漫的追求就来得越发猛烈。

来，给你说说。

闷骚最早来自英文“manshow”，意思是“男人秀”。传到内地之后，意思却大相径庭，听起来是贬义词，实质却是褒义词。如今的人大都对十全十美的男人女人不感冒，更希望自己的男友女友能偶尔地展露一下“坏”的特质。

闷骚族一般都是属于那种外表沉闷，内心风骚……内心很有激情很有想法的人。从表面上看，闷骚族很被动，但其实很有主见，也许你觉得他很木，很顺从，但千万别被他披着羊皮的外表给欺骗了，腹黑着呢！闷骚的人如同异国暗夜里的灯红酒绿、暧昧缓曲中不经意流淌的撩人风情。

那么闷骚族都有什么特点呢？他们腼腆内向，平日看着不苟言笑，偶尔嘴角流露出一丝不知是讽刺还是什么的笑，看得人直想“虐待”，就想撩拨一下，看着他们不耐烦地摇摇头，再撩拨一下，还是忍耐不发地克制，真想看看他们发火的模样。闷骚族其实很有定力，即使表面上波澜不惊，内心却非常强大，坚持的想法就会一直坚持。

他们很少主动表达自己的意见，所以看起来很被动。

所以，想要和闷骚族交友，首先要学会主动接近。在人际交往上闷骚族属于防守型，戒备心十足，主动接近，坦然相交，能瞬间击溃他们的防线。

还有，适当的赞美。闷骚族很聪明，也有洞见的智慧，并且对自己了解得一清二楚，适当的赞美会让闷骚族在心里乐上大半天。但如果你以为他们不需要别人的夸奖赞美来锦上添花就大错特错了。闷骚族一般都比较自恋。

最后，平平淡淡。闷骚族都很聪明，他们一向信奉的交友宣言是“君子之交淡如水，小人之交甘如醴”，他们需要独处的场合和时间来思考，或者发呆。太过亲密的关系会让他们不自在，甚至会令他们避而远之。

天啊，全国各地学生都有，大杂烩

大学是个大杂烩，全国各地的人都有。我们宿舍北方女生占据半壁江山，高高的个子让我不停地羡慕忌妒。听说社团文艺部新来了个漂亮的维吾尔族女生，歌舞俱佳，明天去瞅瞅！听说隔壁宿舍的某某和苏州的男生谈恋爱，那个男生好温柔……

不同地域的90后身上都具有哪些特质呢？让我们来八卦一下。

江南男生好温柔。海柔交了一个男朋友，杨是从江南一带来的，温柔得没话说，又懂得关心人。海柔虽然是女生，但性格大大咧咧，男友的气质瞬间秒杀了她。

北方男生爱说脏话。第一眼看到北方的汉子，深深迷恋着他们高大的身躯和英武的相貌，但是只要一走近他们，基本上他们的口头禅就是各种骂人的话。大家一起出去玩儿，北方男生能胡天海地侃上一路。北方男生性格大多冲动，一遇上什么事情，说不拢就开骂。

北方女生很豪爽。不同于南方女生相貌上的秀气，北方的美女漂亮到有种典雅大气的感觉，而且个子很高。她们大多豪爽开放，虽然和男生一样喜欢侃，但没那么喜欢说脏话，聚餐喝酒的时候毫不含糊。

上海女生好挑剔。第一次接触上海人，都会有种胆战心惊的感觉，他们精明的眼神，似乎能将你从头到脚从里到外地筛一遍。上海的同学，无论男女，对生活的要求都很高。上海女生非常喜欢逛街，擅长砍价，对要付钱的货物总是百般挑剔，似乎永远有她们能找出来的漏洞。她们很好奇，总是喜欢问为什么，其实相处下来会渐渐发现，上海女生只不过是对自己的权利过分注重了而已。上海女生普遍都有点儿小闷骚，开始看起来很难接近很挑剔，但相处下来才发现她们其实非常活跃。另外，上海女生真的非常会保养。

少数民族多才多艺。因为地域和血缘的关系，少数民族的男女生们在相貌上漂亮得让人惊叹。尤其是具有西亚血统的维吾尔族女生和回族女生，玻璃珠一样漂亮的褐色眼珠，挺拔秀气的鼻梁，极具异国特色，再加上从小生活的环境使她们能歌善舞，成为校园里一道亮丽的风景线。

你和谁交朋友？犀利哥？凤姐？还是真哥们？

咱90后虽然年纪相仿，但是有着不同的生活环境，不同的地域差异，还有着迥异的性格。在大学校园里，你正在和谁交朋友呢？是造型雷人的LadyGaGa，还是语不惊人死不休的凤姐，或者是瞬间足以秒杀眼球的犀利哥？我们班可谓是人才济济，各种性格各种彪悍！

别问我为什么，因为彪悍的人生不需要解释！

我在和现实版的“贞子”做朋友。

一开始，班上并没有人注意到那个叫刘云云的女生，因为她上课基本上不说话，而且永远都是坐在最后一排的角落，存在感基本为零。老师有时候按着花名册点名回答问题，好不容易有一次点到刘云云，只见她慢慢地站起来，拿起书，大概过了几十秒，再抬头悠悠地望了老师一眼，然后才小声地念了起来。可能老师也觉得这个女生有点吓人，于是赶快让刘云云坐下。从此之后，班上就开始流传刘云云的传说：听说她非常喜欢看恐怖片，听说她枕头下放着一把刀，听说她会邪术……后来调整宿舍的时候和刘云云换在了一个宿舍，记得那个时候还忧心忡忡的，生怕会发生什么灵异事件。

但相处下来之后才发现，刘云云只不过是被夸大了。她只是太淡定，其他同学的评价她或多或少都知道，可她懒得去解释，她属于那种对亲近的人才笑逐颜开，对不熟悉的人就保持距离的人。至于枕头下的那把刀，确实有一把刀，但是非常非常小，类似小孩子的玩具，她说是辟邪的。关于她这个人很灵异的说法，其实蛮正确的，因为她可以一边看《电锯惊魂》一边吃饭，可以在看完《下水道的美人鱼》后淡定地对我们说：“走，打饭去。”

我想，也许淡定的人都有一颗强大的内心吧！

男生说她是真爷们儿！

刚入学的时候，为了促进班级友谊，同学们特地到外面聚餐。女生都很羞涩，男生都很豪迈，唯独有一个女生在最后散场的时候惊爆全场：她竟然一个人默默地喝了三杯二锅头，屹立不倒。

从此之后班上的男生和这个叫赵雅洁的女生的相处多了起来。她平时不爱说话，但说起话来一针见血，而且直来直去，很快就和男生玩成一团。赵雅洁虽然是个女生，但喜欢很多男生喜欢的东西，比如打网游。有时间的话她都会跟着男生去集体打网游，团队作战，装备比那些老玩家的男生还要厉害。

林枫算是班上男生中的“首领”人物，还是学校热舞社的社长，为了增加社团经费，也为了多些社会实践经验，他们经常去外面参加一些表演。有一次大家到酒吧去玩，那家酒吧很乱，男生和男生之间不知道因为什么就吵了起来，最后甚至闹到斗殴的地步。原本一直坐在一旁喝酒的赵雅洁，突然蹦了起来，跳到桌子上，手里拿着一个空酒瓶，向着踹林枫的男生砸了下去，其他男生当即傻眼。后来酒吧的负责人出来调停，因为林枫他们也是酒吧的常客，也不好闹得太过分。男生不打不相识，坐下来喝一顿酒，就泯恩仇了。但是赵雅洁纯爷们儿铁血真汉子的形象算是在众人心中生根发芽了……

曾哥春哥算什么？我们雅洁姐才是真爷们儿！

再背叛我，我们的友情变浮云

经常听见女生抱怨女友做出了很多对不起自己的事情，我在一旁听得直叹气，女生的友情实在纠结。女生在一起，难免就会有对比，看到对方样样好，就会忌妒，腻多了又嫌烦，甭管你是80后90后，一样逃不脱，我们英语社团里的紫芳和杨丽就是例子。

紫芳和杨丽是最好的朋友，起码在之前一年，两人都这么向其他人介绍对方。紫芳内向含蓄，杨丽外向活泼，如果没有什么刻意的交集的话，两人就是两条平行线，八竿子打不到一起。杨丽很有男生缘，这和她主动外向的性格有很大的关系，而这种女生，往往招来社团中其他女生的不待见。在还没和杨丽成为朋友之前，紫芳就经常听同宿舍的女生在讨伐杨丽，从她的言行举止到穿着打扮。

她俩的英语水平在班里是最优秀的。老师经常举荐两人一起参加系部院部举办的各种口语大赛，两个人就因为这样的交集渐渐成为朋友。杨丽经常对紫芳说："我知道班上的女生怎么说我，但我才不会去在乎她们""我不是不在乎，只是和她们解释了也没用，我只是单纯地交朋友而已，她们那样认为我也没办法"……渐渐地，紫芳认为杨丽其实是个很率真坦诚的人，只不过她人长得漂亮，性格外向，又会穿衣打扮，这样的女生不是常常成为女生们攻击的对象吗？

这样想着的时候，紫芳甚至有点儿同情起杨丽来。

看着紫芳和杨丽走近，宿舍的女生劝她："你别真的以为杨丽是和你做朋友，她那个人鬼精着呢""你难道没听说过吗？一个自以为很漂亮的女生往往会和一个不如自己的女生做朋友，目的是要用那个女生来衬托自己……"

虽然被室友那句"不如自己"打击到，但她也不以为意，比起女生之间毫无根据的猜测，她更相信两个人相处的感觉。

紫芳暗恋一个男生，是篮球社的社长，个子高人又帅，是很多小师妹们心中的白马王子。紫芳很享受这种暗恋的感觉，她习惯了每天隔着老远看他打篮球，习惯了在疲惫的时候想一想他的脸，原本这种感情放在心里就好，偏偏杨丽不答应。

杨丽的恋爱经验很丰富，从中学到大学，身边的护花使者就没断过。作为好朋友，她认为紫芳应该主动出击，试试或许还有机会，不试的话什么机会都没了，说不定那个社长也喜欢她呢！一向淡定的紫芳被最后那句话给说动心了，哪个少女不怀春？紫芳承认，她之所以选择暗恋就是害怕失败。在杨丽的鼓动下，她给篮球社社长写了一封情书，杨丽自告奋勇地要帮她送信。

后来杨丽回来的时候，很抱歉地对紫芳说道："他说他有女朋友了。"

虽然早已料到，但是紫芳还是忍不住红了眼眶。就在她伤心难过的时候，几个女生站在不远处指指点点，"就是那个叫紫芳的，对吧。"紫芳突然想起，里面有一个女生就是篮球社社长的女友。紫芳顿时蒙了，立马转头问杨丽："她怎么会知道我？"杨丽有些结结巴巴："她说她想知道你是谁……”“所以你就把她带过来了？”那一瞬间，紫芳有种被背叛的感觉，心里愤怒伤心悔恨交加，她一把甩开还要解释的杨丽，头也不回地走了。

暗恋曝光了没关系，被喜欢的人拒绝了也没关系，但紫芳不能忍受的是，最好的朋友往自己伤口上撒盐，一点儿自尊也不给自己留。

随心打着好友的名义，却做对不起朋友的事情，简直是对朋友两字的侮辱。女生与女生之间的友谊，其实很微妙，忌妒有之、怨恨有之、喜欢有之、厌倦有之，感情有风险，交友须谨慎啊！

学生会主席，你好有才，我想和你交友

因为社团活动的关系，认识了今年新上任的学生会主席苏玲。这个女生和我同级，但处理起学生会事务来雷厉风行，绝不拖泥带水，颇有大将之风。但即便是这样的风云人物，曾经也是个胆小鬼。

起初，能当选学生会主席，苏玲一点心理准备都没有，她当时只是抱着参与的心态去的。苏玲对自己很不自信，她一直认为自己长得丑。

在成功当选主席之后，苏玲的自信心似乎也在一点一点地聚拢。人没有办法改变父母给我们的容貌，但是我们可以去塑造自己的性格。接手学生会的工作之后，苏玲不再每天窝在宿舍或者自习室，她开始学着如何与人相处交流沟通。苏玲原本就是个内向的人，内向的人性格更加沉稳内敛，而且遇到什么事情都会先思考。而副主席和苏玲的性格恰好相反，他是个男生，性格外向活泼，两人的搭配恰好对彼此的性格进行了互补。

因为要经常出席很多校园活动，苏玲也开始注意起自己的装扮来。一个人如果从心底散发出活力的话，整个人由里到外都会变得神采飞扬。苏玲看着镜子中的自己，虽然人有点儿胖，但是眼睛还是蛮大的，皮肤也好，而身材上的缺陷可以用服装来遮掩……因为摆脱了过去不好相处的印象，宿舍的女生和苏玲渐渐走近，在穿衣打扮上会给她很多指导。

一个人的造型一旦改变，整个人也会变得分外不同。

因为职位的缘故，苏玲常常要和很多老师学生打交道，渐渐地就熟悉起来，还成为了好朋友。不同于往届的学生会主席，苏玲和同学们相处得很好，没有一点主席的架子。她们班上有一个长得很帅的男生，跳舞跳得非常好，但不知道为什么总在比赛的时候出岔子，所以尽管他很有才，却始终被埋没。在筹备一次晚会时，苏玲特意找到了那个男生，希望他能出一个舞蹈节日。男生的舞蹈出来后效果非常好，还获得了晚会的最佳舞蹈作品奖。

之后苏玲的名声越来越大，等到新的同学进校园的时候，经常有女生跑来，笑着对苏玲说："学生会主席，你好有才，我们交个朋友吧！"

MM，你好漂亮，做哥哥的妹妹吧

他经常打电话给你，嘘寒问暖呵护备至；他经常约你参加各种聚会，你们俩在一起，他从来不懂得避嫌；他喜欢揉你的脑袋，满心欢喜地叫你"妹妹"……拜托，这种暧昧烂把戏，各位女生要擦亮眼！

同社团女生方云子找我诉苦：什么干哥哥，呸，坏人！鄙视！

方云子刚刚入学的时候就认识了黄维，黄维高她一届，是互动社的副社长。每次新生入学，互动社就组织成员到车站迎接。方云子记得那天车站的人熙熙攘攘，她刚刚下车，一片茫然，一个高高瘦瘦的男生就向她走了过来。

在询问了相关信息之后，黄维以学长的身份热心地将方云子引上车，到了学校之后还主动帮她把行李搬到六楼的宿舍。看着黄维累得满头大汗，方云子不好意思地说谢谢，把湿手巾递给他擦汗。黄维边擦汗，边笑道："你的手巾真香！"

那天黄维就主动要了方云子的电话号码和QQ号，方云子虽然觉得有点儿不妥，但又觉得自己毕竟孤身一人来到异地求学，身边连说话的人都没有，于是就给了他。

之后黄维常常打电话过来，都是日常的话题。方云子渐渐和同班同学熟络起来，黄维也会偶尔地主动约她出去，给他的朋友过生日、逛街、看电影……方云子知道黄维有女朋友，每次聚会总是保持着若有似无的距离感。黄维的朋友们起哄，黄维，这女的谁啊？黄维笑着说："这是我的干妹妹，漂亮吧！"说完，还伸手搭在她肩膀上，方云子不好发作，只是抿着嘴不说话。

聚会散后，方云子主动对黄维说："以后你不要总是打电话给我了。"

黄维说："小丫头你别乱想，我真的把你当成妹妹一样看待。"

方云子有点儿脸红，看着黄维一脸的坦荡，反倒觉得真的是自己多心了。

自从有了干哥哥干妹妹这层关系，黄维打电话的次数更多，而且经常是在晚上熄灯之后，要睡觉的时候打电话过来，室友开始不满了。

"方云子！你谈恋爱也要注意影响！"

方云子立刻辩驳："谁说我在谈恋爱，这是我干哥哥。"宿舍里的女生马上哄笑起来，意思很明显，谈恋爱就谈恋爱呗，还装什么装！

黄维约她一起去逛街，路上总会买些小饰品送给她，两人还约着一起下课到食堂打饭，黄维踢球之后的球衣方云子也会帮他洗……可每当别人好奇地问起时，方云子总说："他是我哥哥。"

直到有一天，看电影的时候，黄维把手搭在她的肩膀上，人也不由自主地向她靠了靠。方云子推推他，他还是不放开。方云子顿时就恼了，但又不想闹僵。好不容易坚持到电影结束，两人一路无言。到了深夜，黄维突然打电话过来，听得出他喝了些酒，有点醉醺醺的。他在那边讲了一个黄段子，方云子听得脸红心跳，立刻挂断了电话。

等到第二天黄维再来找她的时候，方云子无论如何也不想和他见面。

黄维也急了："谁知道你就那么傻，现在怎么可能有什么干哥哥干妹妹？你又不拒绝，我以为你也对我有意思！"

想到黄维从一开始就对她怀有那种遐想，方云子立刻觉得浑身起了鸡皮疙瘩。她主动删除了黄维的一切联系方式，方云子觉得，如果黄维真的喜欢她，可以通过正常的手段追求她，何必故作姿态？

干哥哥干妹妹这种关系，其实都是暧昧男女玩的障眼法。玩得起就奉陪到底，玩不起的话，还是尽早脱身吧，做单纯的朋友是更加明智的选择。

囧，想和同学交朋友，但是我很害羞

愚人节那天，微博上疯狂转发的，除了那些如何整人的小方法之外，“愚人节告白”也引起了网友们相当大的关注。关注的人大多都是大学生，这不是为了耍人，而是90后害羞大学生们想出来的告白点子。

我们深有同感：“选在这一天告白，即使被拒绝了，也可以说是开玩笑的。”

在网上看到这样一个帖子。西南某高校的一位女生正是因为害羞而被迫退学，在工作之后，也因为这个原因被迫辞职。在经过医生的诊断之后，认为该女生患上的是社交恐惧症，这是一种对任何社交或公开场合感到强烈恐惧或忧虑的精神疾病。社交恐惧症患者害怕在他人面前做事——不仅是在公众面前说话，还包括吃饭或其他社交性的日常活动。他们经常担心会遇到尴尬局面或被羞辱，因而避免社交场合，或者在社交场合感觉极度不自在。

根据一项调查研究显示，大学生的害羞与孤独感有着密切的关系。我不是心理学家，也不是医生，但作为90后，对上述所说的大学生的孤独感深有感触。我们极易陷入孤独和无力中，不知道为什么，一直心心念念的东西，真正得到的时候，心情又迅速地陷入消极。

另外，我们也有压力。也许作为90后，身上背负着太多的怀疑与期望，患得患失，害怕失败，不自信自己。但这丝毫不是大学生就可以害羞的理由。连交朋友都不敢，那还敢做什么?

如果在网络的虚拟世界中沉醉，会出现在真实社会中与人交流的障碍。在网络中，你想表达自己的心情可以通过一个简单的表情符合，开心就是开心，痛哭就是痛哭，没有必要掩饰什么。但在现实生活中，与人交流总是被告诫要微笑，即使不喜欢也不能表现出来。在网络中，我们可以恣意地恶搞出丑，但是在现实生活中，这就是无礼……现实生活中有太多太多的规范造成了大学生更加依赖网络，甚至不愿意和人交流。

心理学家认为，害羞的人可以尝试着融入一个新的社交环境，逐步克服害羞心理；或进行一些放松训练，想象自己处于不同的社交场景之中，同时以较慢的速度讲话，深呼吸保持镇静。

害羞的大学生必须牢记的是：害羞不能成为你一生的负担。所以要努力地摆脱它，大胆交友，做一名洒脱的当代大学生。

读书与兼职

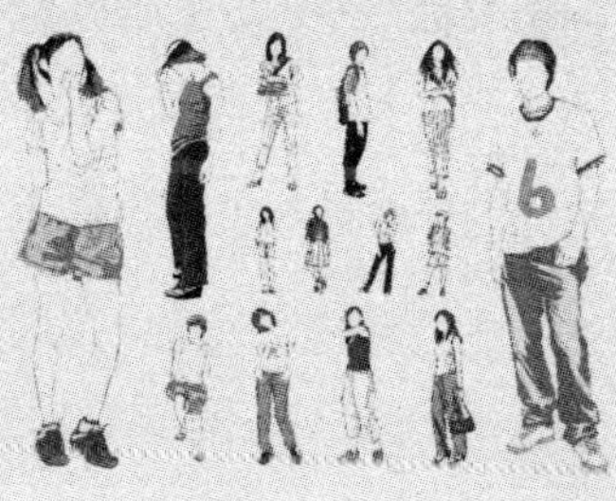

好多院系学科，都是打不死的小强

好不容易上完了专业课！目送着老师夹着教案缓缓走出教室，还来不及松一口气，班长忽然站起来，悠悠地说道："从明天开始，咱们班要开始上军事理论，选了摄影技术的同学来我这里登记一下……"

同学们才刚刚直起的身子猛然扑倒，教室里顿时喊成一片："学军事理论干吗呢！"

看着嘴里叼着面包整日奔波于各教学楼间的战友们，我真的想咆哮："我不想当摄影师不想做军事家也不做健美操教练啊！别再来折磨我，成不成？"

先说说摄影技术课，选修这门课前别提多兴奋了，以为可以拿着专业的摄影机，到校外采风。上过之后才仰天无语，几乎每天都坐在教室里，老师照本宣科，学生昏昏欲睡。到了期中考试，老师终于开金口说："同学们，我们出去采风！"学生们欢呼雀跃！准备了一大堆郊游的东西……结果，老师把我们带到学校门口的那条小河前，指指漂浮着白色垃圾的绿色河水说："同学们随意啊。"

再说军事理论，很无语的！军事理论和其他专业有什么关系……老师在上面讲得慷慨激昂，学生在下面听得一愣一愣。什么毛概啊，马哲啊，我们都认了，但是为什么还要学什么军事理论？再加上一般教这课的老师都无比虔诚专业，导致上课经常睡觉的学生只能面对着试卷欲哭无泪。

健美操，女生们大多喜欢这堂课，因为老师是个刚毕业的少数民族帅哥，除了蹦蹦跳跳之外还可以趁机和帅哥有点交流：小伙子结婚没？家里几间房田里几头牛啊？但是对那种学工科的学生，尤其是班里没有几个女生的男生而言，这样的课简直成了地狱。

不会吧，大学了还要学英文？

一到英语四六级考试前后，整座学院就沉浸在一片愁云惨淡之中。大多数学生都不是因为兴趣爱好而去学习英语，咱90后从小学开始接触英语，12年的应试教育，原本以为上了大学学的课程完全是自己喜欢的，没想到还要学英语。有没有搞错，一脚踢回十年前。

如果说中学时期学习英语只是为了考大学的需要的话，那上大学学英语的目的就更多了。首先是未来求职工作的需要，咱们稍微注意就可以发现，很多用人单位将英语作为一项招聘条件，哪怕工作之后实际用到英语的机会很少。很多人认为这很不公平，但这就是现实。

大学生在校期间，基本上四六级是人人必须过的，四级如果不过的话，还拿不到毕业证，哪怕你的专业和英语毫不搭界。

有的同学毕业后想到外企工作，英语也是必备的。即使不到外企工作，掌握一门外语也相当于掌握一门技能，对未来职业生涯的发展很有帮助。

考研读博评职称。这就不必多说了，无论你是什么专业，英语都在总成绩里占据着20%的分值。如果你的其他科目都过了，只有英语不及格，那也会挂掉。如果你的英语不过关也无法晋职称。所以现在就出现了很多这样的怪现象：一些四五十岁的老教授不得不放下手中的课题，拿起初级英语，从ABCD学起。

英语啊！你逼我至此，想说爱你不容易。

虽然这么多人畏惧英语，但还是有很多喜欢欧美影视和歌曲的同学在努力学习英语，或者是完全凭借兴趣在学习。相较于每天被强迫着死记硬背的学生，这些学生的学习资料大多是原文书、电影、连续剧、歌曲，还有外国朋友。英语社小美的英语一直处于中下水平，上了大学之后选的也是英语系。可是越学，小美越觉得自己学得实在太辛苦，书面英语倒还好，特别是英语口语，一直是她的致命弱点，每次老师点名起来回答问题时，小美都要想大半天才能别扭地说出一个句子。后来小美和同学一起出去兼职的时候，一个美国家庭希望小美去教他们的孩了说中文。在和怀特一家相处的过程中，小美的英语口语水平也有了很大提高，从最开始的害羞，到后来的坦然交谈。这样轻松的生活化的学习方式，反而让小美越来越喜欢学习英语。

英语不好的同学最喜欢说的一句话是：“英语不及格，说明我爱国！”

但是，清朝人还懂得师夷长技以制夷呢，社会主义未来的接班人怎么能连古人的觉悟都没有？赶紧的！回去念ABC去！

老师，没几个同学在听你讲课

某天正在课堂上昏昏欲睡，讲台上忽然一声炸雷，吓得浑身一激灵，睁开眼睛，原来是老师在敲桌子，边敲边骂：“看看你们！还有大学生的朝气吗？还像个学生样吗？你们是来上课还是来睡觉的？我们当年……”

于是我特意观察了一下同学们的上课状态：一节课45分钟，5分钟发呆，5分钟进入到意识上课，5分钟用手机登QQ聊天，5分钟拿出小镜子检查青春痘，5分钟翻出手机报看看，5分钟和身边的同学插科打诨，5分钟看课外书，5分钟思考一下放学吃什么，5分钟盯着手表等待下课……老师，没几个同学在听你讲课啊！

我们不愿意听老师讲课的理由是什么呢？网络上的学生民意呈现两极化趋

势，学生普遍怪老师一竿子打翻一船人；只见乌鸦不见凤凰；许多社区论坛上都有大学教师跳出来发表意见，为自己伸冤。朗朗乾坤，青天大老爷要为吾等良民老师做主啊！

很多学生认为现在的大学老师缺乏责任心，来也匆匆去也匆匆，讲课就是照本宣科，纯粹就是应付。还有的大学老师上课内容和课本内容毫不搭界，整堂课就是在那里和同学唠家常，自以为很平易近人亲近学生，但这却苦了那些真正想听课的学生。学校开设的课程多如牛毛，老师讲课的质量也是参差不齐，有些课程以前听都没听过，后来却突然加进来，上课的老师也坦诚，我不是这个系的老师，也没有研究过这门学科，不过学校既然都指派下来了，那就希望同学们积极配合……

还有些极端的意见认为，现在的大学和大学老师以经济建设为中心，只注重敛财和搞第二产业，根本不管学生学习。

而更多的学生认为，那些反对老师的学生之所以如此极端，最根本的问题是没摆正心态，尤其是那些刚进校门不久的90后。大学生不同于中小学生，什么都要老师管什么都要老师教。以前老师管你，你说这是应试教育扼杀学生的自由灵魂，现在上了大学，老师不管你了，你说这是老师没有责任心没有授业解惑能力的表现。

大学生已经是成年人了，在大学里就是要培养自制力和自学能力。固然，现在的大学里的确有些老师道德观和价值观扭曲，但并不是所有的大学老师都如此，还是有很多大学老师的课受到同学欢迎，甚至有其他系的学生慕名而来。老师不教你就不学了吗？这也从某些方面反映出现在大学生的自制力和自学能力极差。

现在大学的种种怪现象也不能完全怪老师，确实是体制上有问题，如评价标准、收入分配等。即使大学是象牙塔，那也是建造在凡间的象牙塔，老师也是人，老师也要养家糊口，学生应该怀着平等尊重的心态和老师交流，努力地从老师和学校那里取得优秀的成绩。很多老师都是非常有职业道德的，问题还是学生不够主动。

把课本知识运用到实践，现在就行动

社团的财务理事小美来自会计班，可每次算账都用计算机，社团经费用度表做得一塌糊涂。不光是小美，学英语的我每次遇上外教，舌头都会不由自主地打结……

不知多少年来，我国大学教育始终在倡导：课本知识与实践相结合。说通俗点就是不要死读书，但对一个时至今日依然在延续着“八股传奇”的国度来说，这种倡导和呼吁似乎成了一种空泛的口号，很多学生在毕业之后做的工作完全和大学专业搭不上边。这其中涉及的因素很多，但是，如果连自己学习了四年的专业知识都不能运用到实践中的话，即使给了你岗位，想必也是茫然无措，甚至会感到恐惧。

在此为各位大学生介绍几个有关实践的网络活动和励志动漫。

微博创新应用大赛。最近风靡网络的微博举办了2011年微博创新应用大赛。2011年微博创新应用大赛旨在为高校学子打造创新、创意、创造、创业开发的平台，鼓励开拓创新思维，为高校学子开发的高质量应用找到最顶级的推广平台，帮助开发者加速实现创业梦想。这场大赛目前已经在北京、上海、杭州、厦门等地的大学进行了宣讲。网络行业需要的是年轻的血液和进步的思想，有想法有技术的高校学子们不妨一试，也许你就是下一个网络传奇。

《如果德鲁》。这是日本最新的一部漫画小说，讲述了高中棒球队的女经理小南，在去书店买有关经营棒球社的书籍时，误把世界管理大师德鲁克的《管理的实践》一书买了回来，然而小南却意外地在这本书中发现诸多对棒球队的管理很有用的东西。于是像很多在学生中风行的灵异小说一样，高中生小南也好像德鲁克灵魂附体，她开始按照德鲁克的意念对棒球队进行了一系列新鲜而有趣的改造，一路过关斩将，带领着棒球队向着全国高中棒球联赛冲杀……

《管理的实践》是“现代管理之父”德鲁克在1973年出版的巨著，再版至今。这是一本给企业经营者的系统化管理手册，也是为学习管理学的学生提供的系统化教科书，告诉管理人员付诸实践的是管理学而不是经济学，不是计量方法，不是行为科学。该书被誉为管理学的“圣经”，极大地影响了一代美国企业家。

即使脑子中装了再多的知识，如果不会运用的话，那它的价值和一堆废物是等同的。所以大学生们，一定要从现在开始培养自己的实践能力，做个爱劳动爱生活的好孩子！

考前课本知识攻关，秒杀

考前的学校总是一派熙熙攘攘的繁华景象，自习室爆满；操场上除了吃完饭后闲溜达的学生，还有咱们这群抱着书狂啃的抱佛脚达人；夜夜通宵，却不再是为了网游，而是挑灯夜战地备考。

这便是随着期末考试的临近开始进行的“考前突击”，一个学期的课程留到两个星期甚至一个星期来复习，而且这种突击一般也有些效果，大都能通过考试。

期末考试到来之前，学校门口的复印店生意分外红火，很多同学手里拿着一沓厚厚的资料和笔记来复印。这些资料都是找平时听课的同学借的，基本上是班上的同学人手复印一份，除此之外，有些同学还会把考试资料放在群共享里面，同学们可以自行下载。有的同学还会将资料缩减成一本小册子，利于随身携带。有的学生甚至会向上一届的学生花钱购买考卷，因为试题出入不会很大。

这个时候所要做的就是背，背得越多分越高。学哥学姐们说自己大一大二刚来的时候对课程还比较有兴趣，但上不了多长时间就开始懈怠，加上老师也不怎么管，学生的自我约束力下降，导致学习意识越来越淡薄。而到了大三大四则已经面临着就业，不是去兼职打工，就是社会实践，忙都忙不过来，谁还有时间去上课呢？再者，很多学生都认为，很多课程都没意思，学了也是白学，或者认为课程太简单了，随便突击一下，就可以轻轻松松地考及格。

但如果是这样就没有所谓的“挂科”了。

还有些同学在考试时携带小抄，或者用手机互发短信传递答案，甚至会请枪手代考。他们用习以为常的口吻说：“一届一届的学生不都是这样过来的？”

殊不知作弊到最后受害的还是自己，又被处分，又挂科，有可能连毕业都受影响。看来，与其绞尽脑汁地想办法如何作弊，不如在考前好好复习。下面就给大家提供一些考前复习的有效方法。

方法一：规划进度。制订学习时间表，并把它贴在最显眼的地方，时刻提醒自己按计划进行。

方法二：互相监督。和身边的同学一起按计划复习，互相监督，共同进步。

方法三：定期考核。定期对自己的复习情况进行考核，灵活运用笔试、背诵等多种形式。

课外书比课本还补充营养，顶

记得中学时，最喜欢在课堂上看小本的言情口袋书，或是在抽屉里塞本科幻小说，看到振奋人心处恨不得猛拍桌子，盼着下一秒就穿越到架空世界，凭借着现代的先进智慧，翻手为云覆手为雨……

可以说，没有课外书的学习生涯是寂寞的。

上了大学，要看什么课外书呢？本宿舍宅女之神豆子和跆拳道社学长韩阳颇有体会。

豆子的专业是西班牙语，但是在学了一个学期之后，她发现自己根本不喜欢这个专业，每次的考试都是混个及格分，作业都是敷衍了事，整天无所事事地在宿舍里看电影，或者出去逛街，有时候觉得这种无聊透顶的生活会把人逼疯。豆子认为，自己就是属于那种上了大学之后堕落的学生。

从小学到高中，豆子都是班上的尖子生，几乎每天都活在鲜花和掌声中。如今这样虚度的大学生活让她感到恐惧。一次偶然的机会，豆子在书店里看到了一本关于PS的教程，她好奇地翻了翻，因为现在大学生都流行用PS来修图片。豆子买电脑的时候人家也帮她装了这个程序，但一直不知道怎么用。刚开始她的想法很简单，只是想无聊的时候把自己的照片美化一下。对豆子来说，PS是个新奇事物，因为没有考试和课业的压力，她学起来也就相对轻松自在。在学习了差不多半个学期之后，豆子的PS技术已经有了很大提高，学校的社团活动需要作广告设计时，都会请她帮忙参详。过去一直默默无闻的自己竟然因为PS而出名，豆子心里面升起了一种久违的骄傲。在学完PS的课程之后，豆子又去买了一本平面广告设计的书来学习，因为高中时学过画画，对色彩的搭配线条的组合等都有一定的基础，所以学得特别好。等到实习的时候，豆子获得了在本市一家广告公司实习的机会，因为她在大三时参加广告设计创意大赛获得了二等奖。

韩阳的父母都是商圈里的人，搞房地产的。他们最开始是做工程起家的，到韩阳上大学的时候，已经有了一家相当规模的公司。韩阳读的是国际贸易，父母希望他以后能够继承事业。

韩阳从小就是个很会规划自己人生的孩子，所以在高中毕业的时候，他就已经把相关课程的书买回来并自学了大半。在商人家庭的影响下，韩阳认为这些课本上的知识并不是未来他最需要的。他喜欢看那些历史书，喜欢厚黑学。大学假期期间，父母也会带着他去参加一些聚会和饭局，那些公司老总聚在一起都不会讨论工作之类的话题，反而更喜欢讨论一些比较高级的玩乐或者是旅游，这些韩阳都默默地记在心里。回到学校后，每天自学完规定的课程，韩阳都会拿出一些马术、旅游胜地、射击之类的书来看。圈子里有的人喜欢玩枪，他就专门找了几本枪械知识的书；有的人喜欢车子，他就连汽车的构造讲解全都摸得门清。

韩阳说这是为了未来的工作需要，他觉得大学生已经成年了，对自己未来的人生都应该有一个清楚的认识。未来你要做什么？你要成为什么样的人？这些都是大学生必须马上考虑的问题，并尽快地付诸实践。

因此，大学生的学习不能再像过去一样接受填鸭式的教育，而是要结合自己的实际情况，确定目标，向着目标坚定不移地坚持下去。大学是一个很自由的空间，大学生应该趁这几年的时间培养、锻炼自己的能力。

家长拜拜，大学生好自由

当年收到大学录取通知书时，我的第一个念头是：终于毕业了，终于可以离开家了！虽然离开父母有点儿小伤感，但更多的是对未来的憧憬与兴奋。做了那么多年的乖学生，住了那么多年的校，总算可以远离父母和学校老师的管制，随心所欲地自己生活。当坐上飞往另一个城市的飞机时，那种兴奋与激动，如同成功越狱的囚犯。

有的同学毫不避讳地说，之所以选择其他城市，为的就是离父母远一点。可能父母听了这种话会很伤心，但也不能全怪咱们，实在是，十二年的应试教育，七八年的全封闭式半军事化管理，大家都害怕了。记得以前读书读到想死的时候，老师们总会抛出这样的言论："同学们，你们要坚持啊！坚持就是胜利，美好的大学生活在等待着你们！等你们考上大学就完全自由了！"

苦不苦，想想长征二万五，十二年，硬是这么挺过来了。现在终于自由了，解放了！

生活自由。来到了陌生的环境，一切虽然都要依靠自己，但在生活上实现了自由，牙膏可以买自己喜欢的草莓味，不用再用父母钟情的冷酸灵；可以尽情吃自己想吃的快餐，不用听父母在耳边碎碎念，卡路里高啊价格也贵啊；可以买自己喜欢的流行服饰，头发也可以染成杂志上日本模特儿的头发颜色，可以穿上成熟精致的高跟鞋，让头发在风中飘扬。

爱情自由，这是最重要的一点。虽然在离家之前，父母叮嘱，千万不要只顾着谈恋爱，耽误了学业。看来父母也知道，子女终究是长大了，管不住了，尤其是感情这种事情，越压制越反叛。想一想，在没有同学老师亲朋好友的陌生城市，和自己喜欢的男生女生拉着手逛大街，甜蜜蜜地进冷饮店……晚上多晚回去也没人总是打电话催，多美。

学习自由。好不容易读完了十二年的书！还要让我再碰一下课本，门都没有！反正都考上大学了，只要一个文凭不就行了。听人说大学考试都简单得很，老师考前会画重点，只要复习一星期，及格分数滚滚来。大学学习的要义是什么各位懂不懂？不求最好，但求及格。什么？挂科？咱就没害怕过，没听过前辈们相互问好怎么问吗：“今天你挂科了吗？”听听，多么嚣张，多么霸气！不过，渐渐地你就会发现，前辈所说的只是理想状态。真挂科了，你就还真不好意思出去混，还真不好意思说自己是一个大学生……

所以，大学生真的自由吗？记得有人说过，无限制的自由不是真的自由，因为无规矩不成方圆。大学新生们在兴奋一阵之后，很快就会后悔当初太过自由放纵。

生活自由，我们的确可以按照自己喜欢的生活方式来生活，但是，自由来自谁的资助？来自父母。当自己一个星期就将一个月的生活费花完的时候，心里会有什么感觉呢？但凡上大学的，都是成年人了，这放在过去，说不定都结婚生娃当父母了，而父母则荣升爷爷奶奶了。本该享受天伦的父母却还要为了我们的生活费奔波劳苦，我们却把那些钱用来买衣服鞋子染头发做发型，而父母很多年都没买新衣服了吧。所以，生活自由，不代表可以放纵，起码我们没有那个资本，良心也过意不去。

爱情自由，谈恋爱就一定自由吗？同学张敏大一入学不久就和一个男生谈起恋爱来，可是甜蜜了没多久，张敏就感到不耐烦：吃饭要在一起，上自习要在一起，出去玩要在一起，上QQ也要和他聊天……男朋友就像牛皮糖一样，特别黏人，如果张敏和同学出去，男朋友知道了就会打电话过来质问：“是不是和其他男生出去约会了？”张敏烦不胜烦，终于发飙：“我父母都没管过我，你算什么？”

学习自由吗？学习当然可以自由，毕竟大学更加注重学生的自学能力，但此自由非彼自由，不是某些同学认为的不学习。不学习的后果很严重，挂科拿不到毕业证，补考还要另出钱；英语四六级不过，也拿不到毕业证……这样的自由学习，同学们伤不起啊！

各种翘课理由发人深囧

同学们调侃说不翘课的大学生活不是完整的大学生活。给自己翘课找理由，想象力可谓是天马行空，不将你雷得外焦里嫩誓不罢休。咱们来总结一下各种五花八门的翘课理由。纯属找乐，请各位自带避雷针。

最体面的理由：我长得太帅，外班女生上课时总看我。

最实事求是的理由：教授太难看，影响我的视力。

最拍马屁的理由：女老师太漂亮了，总让我魂不守舍。

最无聊的理由：我同桌不陪我聊天。

最可耻的理由：中午吃得太多，坐着难受。

最伤心的理由：我们系最漂亮的女生跟一个还不如我的四分之一帅的男生在我眼前谈恋爱，这课我能上吗?

最关心自己的理由：昨夜喝得太多，我怕影响身体，所以不能上早课了。

最时髦的理由：我跟我网上第 7 位恋人约好今天下午海誓山盟。

最是理由的理由：我同学准备用欠我的钱请我吃饭，因为他不准备还钱了。

最受挫的理由：我失恋了，罢课一天。

最胡说八道的理由：爹要娶妻，娘要嫁人。

最侮辱教育部的理由：学校的桌椅太硬，影响我的睡眠质量。

最荒诞的理由：外星人要入侵，我在给超人缝裤头。

最天真的理由：昨夜我数了一夜的星星。

最不数典忘祖的理由：今天去动物园看猴。

最进步的理由：我捡了一元钱，找了一天的警察叔叔。

最令人同情的理由：我迷路了，碰见女流氓了。

最病态的理由：我刷了一天牙。

最吹牛的理由：科比找我商量加入NBA。

最挨不着边的理由：我们家邻居要生小孩。

最变态的理由：每个月总有那么几天不舒服。

最抽象的理由：一头戴眼镜的驴在街上画画儿，我在旁边看了一天。

最幸福的理由：上学的路上有美女骚扰我。

最不可能的理由：为了保护国家财产，我同犯罪分子斗争了一天。

最不诚实的理由：我领少先队员过马路被车撞了。

最遭罪的理由：我家的手纸用光了，我在厕所坐到我妈下班。

最臭美的理由：我照了一天镜子，梳了一天我的板寸。

好了，醒醒，上课了。

记过有危险，翘课须谨慎

写到这里，突然觉得很符合本人此时的处境和心情。

惭愧地说，我是个翘课控，一个星期不逃几节课就觉得生活没着落。有人觉得我是翘课去谈恋爱，这种理由对别人适用，但我还真没因为谈恋爱而翘过课。那我为什么要翘课？以下是同病相怜的室友经历了系部警告之后，总结出的翘课原因：

第一，专业课不对味。很多大学生选择的专业不一定是自己感兴趣的，从小到大十二年苦读，我们的学习似乎只是为了上大学这一个目的，没有人问过我们："你对什么感兴趣呢？你以后想要做什么呢？"即使有人问，那也是幼儿园小学的时候，照本宣科地按照书本咿呀学语："我以后要做科学家……上了中学，真正意识到兴趣什么的不重要，分数是王道，于是就没有多少人会再傻兮兮地拿着曾经的愿望当回事儿。直到上了大学，自由度变大，家长也不在身边念叨，没有花名册老师连你的名字都记不全。总而言之大部分靠的是自觉，如果再碰上根本不感兴趣的专业，那简直就是煎熬，避之唯恐不及。

第二，对老师无感。不是说学生多么的聪明多么的有才，觉得自己都比老师讲得好，所以对某些老师的课程自动忽略不计。学生对老师是一定尊重的，但无论是谁，相信都无法忍受部分老师念课本吧？整整两节课啊，差不多两个小时啊，不是念课本就是放PPT啊！这样的老师你伤得起吗？除了照本宣科之外，一口标准的方言也是某些老师令我们抓狂的原因……

第三，考勤体制不健全。相信很多人都有让其他同学帮忙应付点名的经历，除了课堂点名容易躲过之外，学生与班委之间的默契更是助长翘课的因素之一。学生那么多，老师也忙，根本不可能像高中一样老师追着学生跑，更多的时候是学生与班委之间的互动。现在的学生，大多都秉承着多一事不如少一事的心态，大家都是同学，保不齐什么时候就要找人帮忙，何必为了区区考勤得罪人呢？再加上老师布置的作业也不怎么难，回到宿舍后借同学的作业抄抄，老师那边也就应付过去了。

第四，自学更自在。与其坐在教室里受罪还不如找个清静的地方，抱一大摞工具书自学，再加上考试的题目也不怎么难，及格基本没问题，那为什么还要坐在教室里呢？

不过，这些理由在记过面前都不能称之为理由，有些时候还是不要太任性的好。

挂科还是不挂科，这是个问题

挂科还是不挂科？这是个值得思考的问题。

每次期末考试之后，半栋宿舍楼狼嚎一片，我也是其中一员。

不挂科，从正常技术手段来看，必须好好学习天天向上；从非正常技术手段来看，作弊，就意味着50%的风险。所以这是个值得认真思考的问题。

挂科，就是考试不及格，大学生为什么会考试不及格呢？其实外部原因很少，关键还是内因，问题在学生自己。不知从哪年开始，也不知从哪些大学生开始在网络上叫嚣："不挂科的大学生活不是真正的大学生活。"这句话说得倒挺干脆，一时间被大学生们和未来的大学生们奉为经典，金科玉律。

大学挂科和以前小学中学考试不及格有很大差别，后者是不得不接受，前者自由度更大。似乎熬过了十二年寒窗，一朝翻身农奴把歌唱，曾经受尽压迫的学生如今变成了大爷。挂不挂科我说了算。我都是大学生了，及格难道是问题吗？当然不是。挂科怎么了？挂科你就不给我申请奖学金的资格？OK，不稀罕。挂科你就不给我毕业证？那我补考不就成了。每个学期的补考大军中，都会看见前几届的生面孔，甚至有的已经在外工作，却依然要赶回学校参加考试。"今天你挂科了吗？"成为大学生口口相传的流行语。有的人认为这是一句无耻的流行语，因为学生们正在糟蹋时光而不自知，浪费父母的钱财却不自惭。

很多学生都承认，从高中升入大学，学习压力一下子消失，整个人就松懈了下来，每天不是泡网吧就是逃课谈恋爱，大大占用了平常的学习时间。其实有些挂掉的课程并不难，只要平时好好复习，是绝对能及格的。说到底还是心态问题。

当然，有的学生对某门课程不感兴趣，也是导致挂科的原因之一，有人认为是有些老师没有足够的为学生授业解惑的能力。我国大学生数量多年来持续猛增，大学不断扩大招生，导致教学质量参差不齐，这是肯定存在的。但人生毕竟是自己的，学校老师固然有影响作用，但他们绝对不是救世主，不能决定你的未来。既然选择了大学这条道路，就按照他的程序走完，在必要的程序之外发挥自己的才能和个性。

悲催，名校学生也挂科

现在很多人都在问：为什么都念名校了，还有学生挂科拿不到毕业证甚至被退学？

我的一位好友，中学和高中时是一顶一的资优生，当年考上北京交通大学的时候，左邻右舍都眼红得不行，纷纷夸赞这样的孩子有出息。而那时的我们，似乎永远只是衬托这些资优生的绿叶，整天被爸妈拎着耳朵狂吼：“你看看人家！再看看你！”

上学期期末回家，一大群昔日同窗约出来叙旧，那位昔日的骄子不停喝酒，感叹世事变化无常。细细追问才知道，他期末考试竟然挂了两科。回到家后，父母都冷着脸，一个劲儿地责骂：“是不是考上名校人就松懈了？是不是谈恋爱了？是不是整天只顾着玩了……”借酒消愁愁更愁，他苦着脸说道：“那是在皇城根儿底下啊，什么变态的没有，尤其是学习方面的变态！”从小到大头上一直罩着光环，活在鲜花与掌声中的天之骄子，丢到那人才济济的名牌大学里，如同水滴融进海洋，瞬间就被埋没。再者课程的内容实在是难上加难，老师又不画重点，被挂的学生何止他一个，简直可以用惨烈来形容。

同学苦叹一声，当年不该总是想着出去，现实果真应验了那句话，“宁做鸡头，不做凤尾”。虽然现在只是大二，离毕业还有两年，但是他已经深深地忧虑着，担心如果自己总是过不了该怎么办？挂科就拿不到毕业证，你说一个高材生，连高考都闯过了，怎么临了就拿不到毕业证了呢？而且父母都希望他本科毕业后考研，拿不到毕业证，又怎么考研……

名校学生挂科太多不能毕业，其中的原因不仅仅是因为课程难度太大，还有主观原因。我国的教育体制决定了培养出来的绝大多数大学生情商都相对较低，读了十二年的书，一朝自由，便乐不思蜀，沉迷网络沉迷爱情沉迷颓废……有的甚至走向毁灭。

这不是培养大学生的初衷。

啃老族OUT，大学生要自强自立！

一个周末，好朋友兼室友常蕊邀请我们去吃饭，看她揣着500块钱的得意样！这丫头家境不错，以前看她揣着钱都没今天的扬眉吐气。吃饭加上唱歌，500块没了，最后还贴进去不少。但常蕊这家伙依然兴高采烈："我赚钱了！我竟然能赚钱了……"你可别误会，这家伙绝对正常。

以前在某本书上看到一位西方作家写的话，关于大学生必做的事情，其中就有做兼职。如今很多企业在招聘的时候更加注重学生的动手能力和实践能力，相较于简历上洋洋洒洒几大篇的荣誉证书，他们更重视你在校期间做过哪些兼职。

对家境富裕的同学来说，做兼职可以锻炼自己，提前适应一下社会。毕竟社会不是游乐场，即使了解到的东西是负面的，对自己的未来而言也是有利的。我的好朋友常蕊，家境很好，又是家里的老幺，二十岁的人了，还被爸爸妈妈哥哥嫂嫂捧在手心里当宝一样护着。刚进大学的时候为了体验生活，她去了一家数码照相馆做兼职。去的时候兴高采烈，当天下午回来时就满脸的愁云惨淡，哭诉一天之内如何被老板娘骂得狗血喷头。原以为第二天不会再去，想不到她还是坚持去了。当然，每天回来她都会在宿舍里展开控诉大会，但控诉到后来她也会从自己身上找问题。照相馆每天的客流量都很大，尤其到了考驾照的时候。她之前没学过PS，自然是笨手笨脚，有时候还会把客人的照片给修坏了。给她印象最深的是有一次卖相框的售货员去上厕所，走时拜托她照看一下。结果有客人来问相框的售价，她不知道，顺口就去问正在忙的老板娘，结果当众被骂了一顿——你是修照片的，卖相框关你什么事！

就这样，经过了两个月的磨炼，她逐渐学会了基本的PS、制作电子相册，还学会了一些拍照的技术。而真正令她受益匪浅的是自我安慰和换位思考的能力也提高了。刚开始的时候被人骂就会哭，到了后来被骂就在心里宽慰自己，没什么大不了的，反正是我有错在先。当然，到后来也很少被骂。

对那些家境困难的学生来说，兼职不仅仅锻炼自己，也能赚自己的生活费，自己动手丰衣足食，帮衬着家里。比起那些在学习余暇时间玩游戏谈恋爱打麻将的同学，做兼职更加有意义。

捡了芝麻丢了西瓜？兼职要学会时间安排

身边很多同学朋友都去做兼职了，也包括我。没兼职的大学不是完整的大学啊！连跆拳道社团的社长都在校外的道馆兼职，并且在那里做得如鱼得水。但并非所有大学生都能合理分配和安排学习和兼职的时间。

同外校的学生联谊时，他们讲过自己学校的一个实例。计算机系有一个男生，人很聪明，对计算机很在行，每次考试不论是笔试还是上机考试成绩都很好，老师重视同学羡慕。后来他的一位老乡在假期介绍他到一家网吧做网管，每天就是开开电脑，更多的时间是坐在电脑前玩。一个月下来，一千多块钱轻轻松松到手。假期结束后，该同学毫不犹豫地选择了继续兼职，这下就兼出问题来了。开学后的课程明显增多，致使他有时候还会遇到一连几天都不能去上班的情况。请了几次假后，他干脆逃课，只有在考试的时候回来应付一下。攒了钱之后他在外面租了房子住，有时候回学校，会请室友吃饭。有的男生看他的豪爽劲儿，非常羡慕，也想要找工作，但后来还是耐不住逃课而中途放弃了。

后来那位同学屡次挂科，有时候甚至不考试。老师和同学都很惋惜，如果他能好好地读完书，学到更加深厚的知识，拿到学位证书，以后赚的钱可能就不是一个月一千五了。说惋惜他以后的工资，其实是在惋惜他的未来，一个原本应该可以成为工程师或者程序员的学生，最后却成为了一个网吧的网管，不能不说可惜。

兼职比读书重要吗？肯定地说，那是绝对没有的。有的同学会拿出很多名人来举例子，比如某某某退学创办企业。应该矫正的是，那些名人做的是事业而不是兼职，学生主要的兼职不外乎就是那几种，餐馆洗盘子倒茶水、发传单、促销员、家教等，有相貌有身材的可以做平面模特儿、网拍等，新潮一点的就开网店等。中国绝大多数大学生缺乏动手能力和实践能力，对于风险具有很强的感受性，所以即使学校鼓励大学生创业，甚至提供创业基金，也未必有多少学生敢轰轰烈烈地闯荡一番。他们更喜欢做风险系数小的兼职，锻炼自己的实践能力，以求毕业后找个好公司，谋个好职位。

所以，兼职，需要学会如何安排学习和工作的时间，需要极强的自觉和自学能力，千万不要捡了芝麻丢了西瓜。

成为杜拉拉，从兼职开始锻炼！

自从《杜拉拉升职记》等职场剧大热后，宿舍的姐妹们沸腾了，恨不得立马就成为职场白骨精。于是周末整个宿舍的女生约着逛街，买高跟鞋、职业装，提前感受白领丽人的生活。

要我说，与其买衣服打扮外表，不如从现在开始脚踏实地，去兼职，去融入真正的职场吧！

相比中学，大学生的课余时间明显增多，学生们普遍都已经成年，距离毕业，说长不长，说短也不短。学生时期的实践活动、兼职体验，已经成为未来通过公司检验的一张通行证。

大体上来说，兼职对大学生未来工作有以下的帮助：

一、弥补工作经验。如今很多单位招聘，都会特别注明，有相关工作经验者优先……这让应届毕业生很郁闷，这不是明摆着拒绝吗？而学生时期的兼职恰恰能弥补这一点。

二、弥补职业情商。人都是需要锻炼的，很多人都羡慕杜拉拉等职场达人的风采，其实这些都需要自己平时一点一滴的学习和积累。提前进入社会角色，将自己视为公司的一名员工，无论职位高低，看清职场规则，用心历练，学习处理好与办公室工作搭档之间的人际关系，遵守办公室礼仪，都是职场新人要做足的功课。因此这个职场情商锻炼，就更加重要。

三、弥补性格劣势。“性格决定命运”，很多企业都讨厌职场新人不能吃苦耐劳、抗压性与挫折忍受度低、缺乏团队合作精神、没有责任感等性格上的缺点。而在一些岗位上，性格优势甚至成了成功的决定性因素。比如在服务业，性格特质更决定了服务质量。多数服务业都希望员工具备细腻敏锐的观察力、阳光般的热情开朗与亲和力、良好的沟通协调能力。虽然在这些行业兼职与专业不对口或积累经验不多，但能对克服心理障碍、改善性格缺陷有帮助，就是更重要的收获。

火眼金睛，大学校内来掘金！

90后不是雷的代名词，我们也在成长，在思考；不是只会炫耀的富二代，我们敢于冒险，也善于捕捉发展的机会。

社团活动频繁，经常举办各种比赛，有的同学因此而炼就了一双火眼金睛，从而从中发现绝好商机。我身为社团理事，做牛做马还要心甘情愿，那是必须要有的专业素质。每次社团活动之前，我们都要挤出大量的时间上街购买礼品。不能太贵，还要有创意。幸好有学市场的大二同学马钢，省钱省时还省心。

马钢从大一就开始做兼职，大二时他发现如今很多学生都流行在网上购物，但他们购买的商品，往往是凭借广告的印象购买的，实物到了之后经常出现问题。虽然可以退货，但是手续太过麻烦，而且往来邮费都要买家自己出，所以很多时候都只能哑巴吃闷亏。

在了解了这个情况之后，马钢召集了一群朋友，接下了一家门户网上购物的校园代理。马钢的店铺就设在食堂门口，几个朋友站在两旁，给来往的学生们发传单。单子上的货物都是有名的牌子，并且价钱都比实体店便宜，有质量保证，更重要的是，马钢还注明了最重要的一条：若有质量问题，可保证退货。做这种代理，邮费可以便宜很多，但重点就是邮购的数量一定要多，刚开始的时候来邮购的人很少，基本上都在倒贴。

差不多一个月过后，来进行邮购的人数大量增加，马钢干脆将一些货物直接摆出来卖，像HelloKitty的键盘、造型可爱的散热器、高清像素但价格很实惠的摄像头、3D立体眼镜、眼罩等，这些都是学生们喜欢的小物件。很多女生都会相约来购买化妆品。马钢发现，很多学生在网上淘商品，淘的多是服装鞋帽，而化妆品或者生活用具之类的，更倾向于实体店。衣服买来不合适最多就是不穿自认倒霉，但是如果化妆品买亏了，受伤的却是脸面。针对这个现实，马钢代理的化妆品都是知名品牌，货真价实，而且价格都比实体店便宜，最重要的是能退货。

在学生顾客固定下来之后，马钢将赚钱的心思放在了校方上。学院每个月都会举办很多比赛，奖品有时候是现金，由于很多小的社团活动经费都比较紧张，所以都会选择发奖品。马钢主动找到了相关的老师还有社团负责人，提供了奖品样品，并且还保证有优惠，比在商场买便宜，能节省不少经费。由于马钢的代理店在学校做得很出名，有些年轻的老师或辅导员偶尔也会去他的摊子上淘些不常见的小玩意儿，所以众人对他的提议都很支持。就这样，马钢把学校大大小小比赛的奖品承包了下来，并且也在奖品上费尽心思，太常见的东西不要，没有新意的也不要，何况学生们也不喜欢。在每次的颁奖礼上，马钢提供的奖品都会成为学生们猜测的对象，即使是电子表、台灯或奖状之类的东西，马钢都能找到与众不同的同类商品。

给老外做家教，很欢心有木有！

刚上大学那会儿确实郁闷过一阵子，尤其是看着周围的同学都纷纷出校兼职，或者在社团学生会忙碌奔波的时候，竟会羡慕他们说“好累啊，真不想做了”之类的抱怨。听老师说：“大学生活也许是你一生中最美好最精彩的时光，所以各位一定要好好规划，不要虚度哦。”伴随着课间的铃声，大多数同学都略显疲倦地靠在椅背上，似乎也在认真地思考，大学生活应该怎么度过。

在那不久之后，一位与我熟络的老师就为我提供了一份兼职的家教工作。与雇主第一次会面是在学校的咖啡厅，坐下来才发现对方竟是一位金发白皮肤的外国人。老师坐在一旁热情地介绍，他们一开始就用流利的英文交谈，立刻让我有点儿招架不住。所幸我的英语还过得去，再加上连蒙带猜，也不至于云里雾里。这个老外是一位比利时女人，Eles。除了她之外，家中还有一个两岁的女儿Ruany和老公Peter。为了让女儿融入中国学校，她准备为女儿请一个中文家教。之前毫无家教经验的我理所当然地会心虚，不过怀着忐忑和期待的心情，加上老师的鼓励，我还是接受了这份家教工作。

约定了时间，我花了整个周末作足了准备，甚至在出门前还特意精心搭配了服装。因为这说小了代表的是个人形象市民素质，往大处说咱就是代表了国家形象啊。Ruany是个很漂亮可爱的小女孩，金色鬈发，白皮肤，小嘴唇如同新鲜的山莓一样红，我的任务就是教会她简单的中文对话。原本以为很简单的工作，做下来才觉得辛苦万分。小孩子爱玩爱闹的心性在Ruany身上体现得淋漓尽致，她喜欢搞破坏，常常故意和你唱反调，累了就一头栽在沙发上装死，急了还会无所顾忌地踹你一脚……上大学之前的我都是被人围着团团转的对象，从来没有像这样辛苦过。我开始也想过放弃，却发现早已在不经意间同Eles一家建立了友情。他们没有中国人典型的热情，冷静和理智，却总是在为你着想。不小心被Ruany扔的球砸中脑袋，只要一皱皱眉，她就会关心地张开手臂跑过来，煞有介事地抱着你拍拍肩膀，像大人哄孩子一样。这种毫无修饰的童心纯真得令人感动不已，于是我便打消了放弃的念头。

正是从这第一份工作我才渐渐明白，没有什么工作是尽如人意的，尤其是刚刚做起的时候，总觉得笨手笨脚，有时候甚至会对自己的能力产生怀疑。到现在为止我已经做了差不多一年半的中文家教，工作过程中我发现Eles对中国文化很感兴趣，于是每天便抽出几分钟教她简单的中文古诗词，培养节奏感和韵律感。而Ruany对我这个温和的老师也产生了依赖感，每当课程结束的时候，Ruany总会恋恋不舍地拉着我的手……

今年寒假，Eles发了一封邮件过来，她已经回到了比利时的家中待产，可能八月份才会回来。我依然写着超级蹩脚的英文信与她一同分享她的喜悦，不过她早已对我的中式英文产生了抗体。

亲，开网店有好评哦！

网络上“淘宝体”的风靡，也从另外一方面说明了如今网店的火热。在第一次照相馆兼职结束之后，好友常蕊士气大增，一鼓作气，在淘宝网上注册了个账号，开始了她的独立创业之路！

我不胜悲剧地受聘为她的顾问，回应着顾客各种犀利问题。我主内，她主外，90后姐妹花一同来把钱赚！

现在不仅很多实体店，大学生也成为了网店店主主力军，并从上面淘得了人生的第一桶金。

同专业的学姐杨慧今年大四，不同于其他四处找单位实习的同学，她在网上开了一家淘宝店。大二的时候，杨慧就有开一家服装店的打算，父母也同意提供两万多块的资金。那段时间她跑遍了大半个城市之后才发现，光是租店面、批货就要用去不止两万块，并且那时课程多，还要请人看店，每个月又要支出一笔费用，这样实在太不划算。抱着试试看的心态，杨慧在网上注册了一家店铺。在请教了一些老店家之后，杨慧特意学了网页制作，以及如何申请分销平台。

由于不熟悉邮局业务，刚开始常常倒贴邮费。和顾客打交道也是一门学问，为了打消顾客的顾虑，她常常要把商品详细的信息和邮费问题一遍一遍地讲来讲去。杨慧对服装的搭配很有研究，在和顾客交流的时候，她也会加进一些个人的搭配建议，很多顾客在买过一次之后，以后都会继续来她的店淘东西。

大三学长小安主修市场营销专业，也是一位网店店主。他认为，网上做生意，能使自己学以致用，其中进货相当于谈判，商品描述是市场营销，进出账

虽然心里还是很怀念他，虽然那段时间还是经常做梦梦到他，并且还在梦里对他说“我忘不了你”……但是我还是拒绝了复合，并且彻底将他的一切信息资料从我的生活中删除。

我一直容忍那么长时间，其实也就是怕自己伤心而已，害怕他根本没有如我所想的那样爱我至深。最本质的，还是自尊问题。

是财务管理，发货与售后服务是客户管理。

很多网店店主表示，在网上做生意和现实中一样要用心经营，多动脑筋，树立良好信誉，这样不但可以吸引更多客户，还可以培养回头客。开网店一个月的收入算下来还不错，等生意渐渐上了轨道，拥有稳定客户的一般能达到三千左右。

开网店不仅仅能赚钱，还能和许多天南地北的人进行交流。网上很多店家都是副职，有的是白领，有的是学生，当然还有大批的宅男宅女。经常在论坛里面逛，能学到很多网友们上传的实用化妆小技巧、瘦身指南、服装搭配技巧等。如今网络上流行团购，甚至有低到两折的品牌，这是在实体店里永远也等不到的低价……

菜鸟开网店兼职有道

如今很多大学生都选择在网上兼职，因为更加方便，又不怎么耽误学习。那么菜鸟大学生网上开店需要注意哪些问题呢？每一个哈利·波特曾经都是小麻瓜，同样每个大虾都是从菜鸟练成的。而想要从菜鸟练成网店达人就必须掌握一些方法，为此我与同学特地总结出了一套《菜鸟网店兼职必读》！

资金

学生网店店主们原本就没有多少钱，店铺的租金，还有加入消保的保证金……算下来其实还蛮多的，对于自己批货没有信心的同学可以选择做代理，申请分销平台。刚开始做不要想着赚多少钱，先慢慢地摸索，熟悉市场之后再投入资金。不然还没摸清市场需要什么就大批进货，很可能会造成产品积压，资金难以回收。

物流

就算是同城，最好也选择邮递，虽然要花钱，但至少不影响自己正常的学习和生活。同城也不贵，几块钱而已，就算是同城，服务也要到位。同城就最好保证一天到货，态度要好。

服务

如今流行的淘宝体正说明了网店服务的现状，“亲，给好评哦”。网友的评价会直接反馈到店铺信誉度上，所以一般网店店主的服务态度都很好。服务态度要好，商品出了差错要能负起责任来。努力地记好每个买家的联系方式，什么时候买了什么东西，建立一个买家数据库。服务要热情，买到了一定数量，一定要有小礼品，网商不是光卖东西，一定要有服务在里面。

学习和交流

网上论坛里面会有很多关于开网店的帖子，有很多是前辈们的经验之谈。所以其实逛论坛也是提升自己的一个方法，多看看前辈们是如何经营的，学习对自己有用的，再结合自己的实际情况进行经营；多加入网店店主的QQ群，在里面多和其他店主进行交流，互相学习经验。

其实大学生开网店，注重的是实践，要在行动中积累经验，多做、多问、多交流；态度谦虚；不要盲目投钱，不要积压货物；没有好渠道，就慢慢做，不要妄想一下子成功，一口气吃不成胖子……这些都是对大学生开网店的一些忠告。

暑期消遣新方向，大家一起part-time job

漫长暑期岂能轻易错过，我和班上的同学早就选好暑期旅游的目的地——云南！旅游第一站昆明，第二站西双版纳。没想到能说会道的景区导游竟然同为90后大学生！

导游的名字叫乔安安，去年寒假，她去西双版纳野象谷景区做了导游员。据她自己讲，她在学校里面经常做晚会的主持人，所以做起导游员来也是得心应手。

起初带她入门的是一个哈尼族的小姑娘，也是90后，但是做导游员已经有四五年了。她给乔安安讲了许多有关她们寨子里的事情，讲她们哈尼人的语言习俗。西双版纳少数民族众多，而且是有名的旅游胜地，在一起工作的除了学生之外，基本上都是少数民族，傣族、彝族、哈尼族、基诺族……每个民族都有自己独特的语言和传说，在一起有聊不完的话题。

野象谷属于热带雨林气候。这里的人热情善良，在景区里面进行民族歌舞表演的都是云南特有的少数民族——佤族。佤族人的体内似乎住着舞蹈的灵魂，随时随地都能舞动。

在经过一个星期的培训之后，乔安安和其他学生正式上岗。无论每天起得多早，都必须穿上正式的傣族服装，头发要梳得一丝不苟。带团过程中乔安安认识了许多来自其他省份甚至国外的游客。她带着他们参观野生动物、热带植物，走高架栈道、坐索道……做导游的过程并非一帆风顺，有一次乔安安带了一个三十多人的大团。

在将游客送进大象表演场之后，乔安安有一个半小时的时间去吃饭，然后带游客去乘坐索道上山。乔安安和别的导游赶快吃完饭后再回来拿自己的话筒。糟了，话筒不见了！导游们都喜欢把索道票放在话筒电池的小格子里，乔安安也是。乔安安顿时方阵大乱，索道票丢失的话导游就要自己负责，三十多个人的索道票，大概一千多块。吃完饭之后大象表演也快结束了，乔安安心急如焚，立马打电话给负责人。但负责人已经不在景区，得知她将索道票丢失之后，狠狠地骂了乔安安一顿，并且说索道票丢失是乔安安自己的事情，由她自己负责。乔安安赶快冷静下来，跑去找一起吃饭的导游。但是大家都有自己的团，景区这么大，大家早就走散了。乔安安连忙跑去导游组，讲述了事情的经过，让他们同索道检票口说一下，同意放行。可乔安安又被告知，索道不属于景区，是独立出来的，他们一定要看到票才肯放行。

就在乔安安一筹莫展之际，另一个将话筒拿错的女孩急急忙忙赶来，交还了话筒。乔安安长长地舒了一口气，然后又马不停蹄地赶到大象表演场门口接游客。虽然是虚惊一场，但乔安安认识到了细心的重要性，如果今天这个女孩不把话筒送回来，会怎么样呢？

让乔安安感到快乐的还有来自全国各地的游客，听惯了南方人说话，猛然来一群北方人，乔安安竟会有种不真实的感觉。北方人特别能侃，一路上光听他们侃大山就很有趣了。她喜欢和各种人交流，面对着那么多人，乔安安特别兴奋。那么多人，似乎每个人都有自己的特点：四川人的吵吵闹闹、北方人的热情大方、南方人的打破沙锅问到底……西双版纳属于热带气候，动植物相当多，所以难免有记不全名称的时候。有时候遇到好学的游客，乔安安不懂的，干脆就说不知道。也许游客都见惯了那些上知天文下知地理的导游，乔安安干脆承认不知道反倒让一大群人哈哈大笑。

短暂的兼职很快就要过去了，很多人都抱怨景区工作太过无聊，有时候还要承受来自游客的怒气。但是乔安安觉得这才是真正的生活，酸甜苦辣都是人生必经的一道坎儿，这样的大学生活才有意义。

各种兼职各种体验，各种欢乐无奈有木有！

每逢假期，大部分同学都会选择兼职，不仅为了赚钱，也为了提前接触现实社会。提起假期兼职史，我们社团的两位女生便开始唧唧喳喳说个不停，有欢喜，有委屈……更多的，是对自己将要融入的社会的好奇。

首先说到家教。在校两年，阿含做过两次家教，其中一次是英语家教，学生是学校某位老师家的小孩儿，五岁大的小男孩，古灵精怪活蹦乱跳。之前是一位学姐做的，因为她毕业了，不得不换人，这才轮到阿含。之前学姐做了差不多一年，孩子对她已经产生了依赖，所以对新接手的阿含很是抵制，每次去上课都问："姐姐呢？"不过孩子对感情这种事情来得快去得也快，不久之后就和她打成一片了。男孩比较野，他屁股上就跟长了刺似的，半分钟都坐不住，在教室上课吧，他爬到讲台上，从一张桌子蹦到另一张桌子；在户外上课吧，他爬到假山上，再从最高的地方跳下来……每天一个小时下来，阿含只觉得胆战心惊，不仅做老师还要兼职做保姆。孩子正是爱玩的时候，每天从幼儿园回来还要被逼着上一个小时的英语课，任谁都会不高兴。幸好父母对孩子的要求也没有多高，就只是希望能有那么一个讲英语的氛围，为以后的正式学习打下基础。所以阿含每次去上课都抱着玩的心态，轻松不少。

接着聊到促销员，白酒促销员是显雅做的第一份工作，但只做了短短一个星期就不做了。当时她和班上其他几位同学找到这份工作的时候，已经有三位其他学校的学生在做。那时才从高中生猛然成为大学生，身份转变得有点快，一时适应不了，所以当她们微笑着主动和那几位打招呼时，人家却丢给几个白眼，理也不理就干活去了，很明显在排挤。后来正式促销白酒，每天上完课之后显雅就马不停蹄地坐车赶到集合点，再坐着车到饭店去促销。促销大多是在晚饭和宵夜的时间段，所以她们自己都吃不饱。可能社会上对推销白酒的女孩都抱有不好的想法吧，耐性好一点的顾客就先听她讲完，然后才有礼貌地一推手："不好意思，我们不喝酒。"有些对白酒推销有偏见的一见她拿着酒过来就开始皱眉头，当她陪着笑脸走近后，人家就跟赶苍蝇似的："走走走！"那时候的心情……只觉得都不如要饭的。好不容易有人愿意买酒了，却还要她先喝两盅，然后一张笑脸腆上来："妹妹，哥哥带你出去唱歌好不好啊？"……如果不喝，有些顾客嘴巴里甚至会骂骂咧咧，像什么"才刚刚从象牙塔跑出来的小屁孩哪懂得什么人情世故……于是，受不了骚扰的就放弃了工作。当然，老板也以种种理由拖欠了一个星期的工资……

然后发传单，发传单的工资一天大概三四十块，碰上正规店家一般不会拖欠工资。以前有人到女生宿舍招工，说是发传单，一天三十块钱，那时候也是刚入学，都是一群不长心眼的小孩，稀里糊涂地就接了工作，每人还给了那女的二十块钱的"介绍费"。等到假期一来，一大票女生呼啦啦抱着一大沓传单顶着烈日上街分发，好不容易一个星期过去了，苦尽甘来了，到发工资的日子了，可那女的突然就人间蒸发了，打手机关机，也没留下通信地址，原来我们就是白白做了一个星期的苦工。

兼职有苦也有甜，最重要的是要擦亮眼睛，上当是小，丢人是大，更重要的是对不起我们90后的智商。

穿着与打扮

不做非主流，青蛙恐龙看过来

女生最喜欢的应用软件是什么？只要看看本班女生电脑中千篇一律的美图秀秀就知道答案了。

虽然已经身为大学生，但我们依然在为复杂的色彩搭配晕头晕脑。令人跌破眼镜的非主流装扮是否依然是“主流装扮”？头发的颜色和造型一个月换三次。依然对photoshop无感，却整天用美图秀秀不断地给照片中的自己进行改造。

法国有句名言：“优雅是年龄的特权。”

二十岁一过，我们就相当于踏上了奔三的征程啊。记得以前看过的书中说过，美丽如同盛夏的果实。再美，也不过是一季的灿烂，难免腐烂的命运。而唯有优雅的气质，才是岁月的艺术品，弥足珍贵。

优雅的气质如同世间最美的珠宝，在繁花过眼的岁月中淬炼出一种永恒的光彩。欣赏优雅的气质男女，如同欣赏一件完美的艺术产品，你可以从中发现色彩的搭配、光影的衬托，甚至每一个动作的弧度都尽善尽美。二十多岁的年纪，不大也不小，却是培养个人品位气质的关键时期。因为这个时期已经拥有了自己独特的鉴赏力，也许它并不完全，但我们可以从细微之中寻找它的闪光点并将其发扬光大。也许你长得不够高，身形不够优美，自卑得用宽大的运动服竭力掩盖身上的赘肉；你害怕鲜亮的色彩，因为那会让身体从视觉上愈发臃肿。这可不是一个好的兆头。希冀着美好生活的男女必须抛弃这种观点，向优雅进发。优雅的前提是必须拥有健康美好的生活。

关于外表。无论何时，一双小牛皮鞋子都是不错的选择。平底，柔软的鞋面，褐色、黑色或者米白色。而色彩鲜艳的鞋子更适合夜晚的灯光。

很多游走于世界各地时装周的买手更倾向于穿着一个品牌的基本款，基本款最大的好处就在于它的经典且永不过时。服装是一个很大的范畴，男生女生可以在可遵循的几条经典定律中，按自己的喜好和风格自由搭配服装及其配饰。外套的面料和手工非常重要，越简单的衣服越漂亮。

关于言行。气质不单单指精致的外表，还要随时保持谦逊温和的态度，良好的生活习惯和不当众化妆、扯内衣带子、抓头皮……不当的言行会破坏一切美好的外在。这类注意事项在生活中比比皆是，同学们一定要多加注意哦。

还有几条事项要特别注意：随时保持气味清新，说话温文尔雅，对周围的人一视同仁，知道如何搭配衣服，在公共场合把手机调成振动，说话时注视着对方的眼睛。

自尊心大爆发，我要减肥！

泪奔！传说中的“抽条”为什么始终没抽到我的身上来？

“我小时候很胖，因为那时还在长身体，不能随便减肥。”

“我中学时代很胖，尤其是初中，整个人像吹气球一样忽地就膨胀了。高中要高考，补充营养全力冲刺，真是没时间减肥啊，干脆等到大学再减好了，反正时间够多。”

好吧，我承认，我每天都吃得多不运动。但看着社团和班级里各位纤细的胳膊小腿，就忍不住自卑，打心底里的羡慕忌妒恨哪！

上了大学的各位是否还和我一样雷打不动地坐在电脑前，手旁摆满了各种零食。这时肥胖还要找什么理由来搪塞呢？

肥胖不是错，但由于自身的懒惰、贪婪造成的体积过大就不能怨天尤人。

但我们也不是模特儿，没必要把自己折磨成竹竿。

减肥是一项长久事业，这是减肥之前必须牢记的事实，因为这能保证坚持长久而健康的饮食习惯，而不是暴食节食的不健康的减肥法。下面就为大家来介绍一些健康有效的减肥方法。

选择一项自己感兴趣并且能长久坚持的运动。科学研究发现，任何运动都能产生减肥的作用，关键在于能否长久坚持。作为资深减肥者，我对运动减肥深有体会。个人认为最值得尝试的运动是瑜伽，它不仅能帮助同学们塑造体形，对饮食的调整也有作用。自从练瑜伽之后，我发现自己的饮食下意识地倾向于清淡的蔬菜水果。

适当地摄取粗粮。粗粮中的纤维成分能够帮助人体清除毒素，促进肠胃蠕动。粗粮家族中的燕麦，经研究证实，长期食用有减轻体重的作用。

改变零食。对馋嘴的女生来说，彻底断绝零食是绝对不可能的。相反，如果食欲受到压制，不久之后就是食欲的大爆发，吃得反而更多，而且对垃圾食品的渴望程度达到空前。关于这点我深有体会。同学们可以用低卡路里的零食代替高卡路里的食物。比如用新鲜的水果代替加工过的果脯，用一碗暖暖的燕麦粥代替含有防腐剂的方便面。

适当控制淀粉的摄入量。如果没有碳水化合物的辅助，糖以及油脂就难以转化为脂肪。大米是中国人几千年来的主食，而且大米中的成分对人体也非常有益，所以我们可以适当地减少米饭的摄入量，多吃蔬菜水果。

多喝水，每天坚持喝花草茶。水已经成了众所周知的美容圣品，简单易得，排出毒素一身轻松，而花草茶对女性减肥养生也起到辅助作用。

最后给大家提供大美人舒淇的减肥小妙招：靠墙站。晚饭后半个小时，夹紧臀部，把整个背部紧贴在墙壁上，臀部背部腰部腿部头部和脖子等都尽量贴紧墙壁，几分钟之后身体就会很累，但大家一定要坚持十五分钟。每天一次，一周左右就可以见到效果，不仅腿部脖子脸部能变瘦，而且还能塑造良好的体态。

大学生坏习惯排行榜

某天胃疼，胃药吃完，正要出去买，宿舍的姐妹们纷纷拿出各种牌子的胃药。我一愣，接着忍不住感叹，原来有胃病的不仅仅是演员，还有咱们大学生。如果以为大学生的坏习惯只有饮食不当那就错了，懒惰、逃课、网游、睡懒觉，谁都逃不了。

第一，睡懒觉。睡懒觉能使大脑皮层抑制时间过长，时间一久极易引起一定程度的大脑功能障碍，导致理解力和记忆力减退；还会使免疫功能下降，扰乱机体的生物节律，使人懒散，产生惰性，同时对肌肉、关节和泌尿系统也不利。另外，血液循环不畅，全身的营养输送不及时，还会影响新陈代谢。由于夜间关闭门窗睡觉，早晨室内空气混浊，恋床很容易引发感冒、咳嗽等呼吸系统疾病。

第二，懒惰。懒惰似乎成了当代大学生最普遍的坏习惯之一。一些老师就曾经骂过我们："你们就跟牙膏似的，挤一下吐一下，真没见过比你们更懒的学生！"很多学生很气愤，老师你是人民教师啊，怎么能对我们学生如此出言不逊呢？中国大多数的学生就这样，明明自己没什么真才实学，却又偏偏受不了气。翻开课本，有多少学生认真地记笔记？又有多少学生自觉地将后面的课程预习完？大学生了，时间多多，女生美容逛街男生泡吧把妹，除非到了临近考试的时候，否则谁有时间去读书啊！

第三，不吃早餐。通宵熬夜或者睡过头，醒来后随便梳洗之后就往教室跑，一坐就到了中午，即使再难受也得忍着，长此以往，很多学生都会说："好，我现在修炼到不吃早餐也不饿的境界了！"其实不吃早餐对人体会造成很大的伤害，同学们不要以为自己还年轻就随意挥霍，养生要从年轻抓起。不吃早餐会造成人体血糖过低、慢性胃病、生物钟紊乱等症状，严重的还会增加患胆结石甚至冠心病的风险。

第四，逃课，考试作弊。考试作弊这种坏习惯已经到了见怪不怪的地步，很多学生都认为每个学期的专业课和选修课都太多，而且每项科目都要进行什么期中期末考试，上了大学不是学自己喜欢的吗？为什么还要费尽心思去学那些根本没用的课程？于是对这些课程心怀抵制的学生开学伊始便开始逃课，致使一门课程下来，真正把整本课本学进去的学生是少之又少，考试作弊自成风气。

第五，沉迷网游。我玩过网游，真的很好玩，可也许是剃头挑子一头热的个性，虽然玩过非常多的网游，但到目前为止还没有能让我真正上瘾的游戏。但其他的同学就不是这样了，他们有从中学时代就磨炼出来的坚强意志，可以在电脑前岿然不动如山整整三天，沉浸在虚拟世界中变身翻手为云覆手为雨的大Boss，怎么也比现实中那个……的人强吧？但其实这和赌博一个道理，小赌怡情，大赌乱性。大学生千万不要将自己的短暂四年大学生活浪费在虚拟的网游世界中了。

第六，酗酒。刚进校的时候老师就跟我们认真严肃地探讨了喝酒这个问题。作为很快要踏入社会的年轻人，尤其踏入的还是酒文化博大精深的职场生活圈，不会喝酒就真的太嫩了。离家读书的时候父母也隐晦地允许了：这个酒可以喝，但不能贪杯。刚进校的时候“饭局”超多，除了本班学生自己的聚餐之外，宿舍室友们为了尽快地培养感情，也会隔三差五相约出去吃烧烤喝啤酒，聚餐之后顺道绕进附近的KTV，当然也要来几箱啤酒助兴。加入了学生会社团后此类的饭局更是多不胜数。出外聚餐必喝酒，已经成了大学生的饮食常态。喝酒可以，但要适量，千万不要学别人什么借酒消愁，不然到了最后愁没消，反倒染上了酒瘾。

各位同学，以上坏习惯你占了几样？

胖子没有未来？好女非要不过百！

已经巨瘦的常蕊最近忽然在宿舍里转起了呼啦圈，并且还要饭后一杯普洱茶。她的疯狂令一向对身材超级没自信的我产生了恐慌和巨大的压力，细细追问了一番，她告诉我："小S说了，胖子没有未来，好女不过百！"

一脸的毅然决然，然后接着甩圈圈。

我凄凉地蹲到角落，看来，我的人生可以到此结束了，我没有未来。

古今中外，女性对于瘦的追求似乎一直都很一致，从拴根绳子生怕飞走的赵飞燕到欧洲贵妇勒到极致的细腰，无论正史野史都在刺激着现代女性对于瘦的底线。

这个学期选修了美术鉴赏课，看到国外许多名家的油画，有些画专门为某些上层贵妇所作，哪怕贵妇的肩膀如何壮硕脖子如何粗短，腰一定是细的。之后学到古希腊神话，里面那些美轮美奂的躯体令人赞叹，肤色如同月光一般温柔细腻，匀称的身体线条一览无遗，并不觉得色情。

其实现在很多人都不再坚持瘦就是美，毕竟美的范畴那么大，人与人的评价标准千差万别，瘦就是美其实只能算伪命题。在六年的中学时代，我曾狂热地减肥，早年人还小，对挖掘自身的美没什么概念，只认为，别人说美的就是美。那些年，能称得上"花"级人物的无一例外都是瘦子还有漂亮的脸蛋，会说一口流利的脏话，认识一群校外的流氓，那简直完美……（汗！庐山瀑布汗！！）正赶上那些年是生长发育时期，初一一过，整个人就跟气球似的一吹就膨胀。

从初二开始减肥，懒得运动，就吃减肥药，吃到最后整个人浑浑噩噩、脾气暴躁、小便赤黄、心慌气短。体重是降了四公斤，但看着镜子中毫无精神的自己觉得更加厌恶。反正几年下来，吃减肥药、节食、运动……甚至催吐都用过，到了最后连吃饭都成了一种罪过。致使每次一洗头，头发就大把大把地掉。那时候完全是患上心理疾病的状态，想着反正都要吐出来，吃的时候就拼命吃。才十多岁的小姑娘就陷入了这样恐怖的状态中，偏偏自己还没有察觉。所幸的是父母先察觉到了，在医院里治疗了一段时间，恢复过来，但也因此落下了后遗症患上了胃病。现在经常在半夜胃疼得醒过来，只能用膝盖抵着胃部，一晚上睡不着。

根据日本的一项调查显示，相较于女性认为的骨瘦如柴就是美的观念，男性更加喜欢那种身上有肉的身材。因此女生们没有必要用模特儿的标准来要求自己，着重雕塑身材曲线就够了，这可能比节食的人生更加轻松吧。

服装搭配，配出好体形

潮流几乎每天都在改变，看着时装杂志上琳琅满目的时装，众女生只能干瞪眼，怎么上个月的款式这个月就过时了？其实，无论潮流如何改变，只要掌握了经典的搭配定律，甚至以前的服装都可以穿出这一季的流行风格。

服装的配色：

服装配色方法较常用的有同类色搭配、类比、对比色搭配。

同类色，由同一种色调变化出来的，如墨绿与浅绿、深红与浅红、咖啡与米色等，在服装上运用较为广泛。这种配色柔和淡雅，给人温和协调的感觉。类比色，指色环上比较相近的颜色相配，一般范围在90度以内，例如红色与橙色或蓝色与紫色，给人的感觉是比较温和、统一。但它和同类色相比，又更加富于变化。对比色，运用在衣服上能收到鲜丽明快的效果，如黄色与紫色、红色与绿色。它给人的感觉比较强烈，不宜多用，如果需要大面积运用时，可以利用无彩色来加以协调。

服装色彩与身材的关系：

肥胖体形：穿深色或素雅的颜色令身材显得苗条些；在上下身的色彩

比例搭配上，要注意裤、裙的色彩不要比上衣浅，否则会给人胖上加胖的感觉。

矮胖体形：可以多穿一些套装形式，色彩尽量简洁，以深色、中性色为主，避免花哨；注意上下身衣服颜色不要面积相等，以免把整个身子分成两个部分，显得更矮；把整套衣服的修饰重点放在颈部、头部等腰线以上的部位，可以把视觉点往上提高，使人看起来显得修长些。

高胖体形：穿中性色彩的衣服可以显得匀称些，避免穿紧身服，可以选择上身偏长的合体套装。

衬衫与脸形的搭配：

圆脸不宜配圆领衬衫，长脸配尖领衬衫会显得脸更长，脖子长不宜选用V形领衬衫，脖子短不宜选用高领衬衫。

特殊体形的修饰：

斜肩可选用垫肩较厚的衣服，高低肩可把较斜的一边垫高达到平衡，驼背的人后衣片要长一些，挺胸有肚腩的人前衣片要长一些。

女装体形不足的弥补法：

腰长：尽可能减少腰的长度，增加腿的长度，可采用腰部打褶的裙或裤。

平胸：可采用门襟处有装饰的波浪花边，增加胸部的丰满感。

肥胖：穿上带公主线的衣服显得苗条、秀气。

高瘦：可采用宽松有皱褶的裤子和宽松上衣。

“O”形腿：尽可能避免穿紧身裤，可采用直筒裤或长裙。

一起来看偶像剧，王子公主巨流行

“皇后娘娘！虐死那群妖孽吧！”

最近《新还珠格格》热播，女生里一片哀鸿遍野，嘶吼不断，势头不减之前咆哮的《一起来看流星雨》和《宫锁心玉》。

和之前那些偶像剧相同的是，咆哮归咆哮，王子和公主的爱情，还是要追着看。情到深处，选择性地忽地穿帮镜头，跟着男女主角泪流满面。

《泡沫之夏》、《流星雨》以及天雷剧《宫》的轮番热播，使校园中风靡起一股校园王子公主风。虽然更多的人认为这些电视剧既脑残又雷人，但不可否认，它们确实取得了超高的收视率，以及女生们的狂热追捧。

从我们还是小孩子的时候，就一直在欣赏那些动画片中美好的王子公主般的童话爱情，虽然年纪长了，但越是接触到更多的现实，对那种浪漫的追求就来得越发猛烈。以上三部具有代表性的剧集虽然很雷，被人批得体无完肤，但它们无一例外地都设置了浪漫剧情，确实符合了我们女生对于爱情的向往。

就好比成熟女性在购买服装时更注重质量和品牌，而咱90后在购买时则更注重是否具有流行感是同样的道理，质量、品牌什么的不在需要考虑的范围之内。选择电视剧也一样，这些虽然看起来制作粗糙，但是它们符合"时代感"（穿越、校园、虐心）的剧情设置，男女主角华丽的长相、雷雷更健康的时代精神，还有对王子公主爱情数十年如一日的向往……很符合我们90后的口味。

除了电视剧和小说之外，最近国内的流行风向似乎也刮起了王子公主风：蕾丝在衣服、鞋帽、手袋上的大面积使用，蕾丝和雪纺对女生有着一种致命的吸引力，看看英国王妃今年的婚纱礼服就知道复古蕾丝有多么受宠。似乎只要穿上蕾丝，任何女生都能变身公主。公主理所应当地要配王子，无论是闷骚的雅痞，还是儒雅的校园，只要搭配得当，男生们都是温柔的白马王子……

一双好鞋带你去美好的地方

"一双好鞋能带你去美好的地方。"礼仪课的美女老师这样对我们说。一到夏天，宿舍女生们就被缤纷的时尚杂志迷乱了眼，各式各样的凉鞋刺激着我们的购买欲望。

你看，老师都这样说了，我们怎么能拒绝美好地方的邀请呢？

行走在熙熙攘攘的大街上，除了令人眼花缭乱琳琅满目的连衣裙外，鞋子也是女生们必备的。

复古罗马鞋今年依然屹立不倒，在各个设计师的作品中占据着极其重要的位置，但是在造型上渐趋简约。一双平底的复古罗马凉鞋算得上是今年夏天的必备单品，简洁的设计，复古的情怀，明亮的色调，少了一些成熟的御姐气场，多了一份学生的清纯甜美。用它搭配明快的碎花连衣裙是非常不错的选择。

平底芭蕾舞鞋。从过去到现在，无数次地听到各种女人对平底芭蕾舞鞋的热衷，尖尖的鞋跟，流畅的线条……极其简约的设计，却始终能激起女人对优雅的向往。我认为，无论是谁，无论处在哪个年龄阶段的女士，一双适合自己的质地精良的平底芭蕾舞鞋都是不能错过的精品。芭蕾舞鞋能在不同女人的脚下演绎出不同的风格。无论是休闲的九分裤，还是优雅的蕾丝连衣裙，芭蕾舞鞋都能映衬出一种优雅和从容不迫的淡定气质。

鱼嘴鞋。开春伊始，坡跟鱼嘴鞋之风愈刮愈烈，坡跟鱼嘴鞋能很好地修饰女生的脚部线条，窄小的鱼嘴开口若有似无地凸显出女生几个漂亮精致的脚趾。中国的文化一向对女性的脚部青睐有加，而鱼嘴鞋无疑可以烘托出这种朦胧的意境之美。

“女人应该善待自己”这是学校里的一位女教授经常对我们说的话。

善待自己的脚，善待自己的身体，不仅仅是买一双价格昂贵的名牌鞋，更重要的是穿起来舒适。当然，有的人曾说过，舒适是优雅的敌人，有的明星为了看起来漂亮随时随地都穿高跟鞋。但是一双不合脚的鞋子会造成脚部变形，畸形的双脚，你喜欢吗？有一个例子，一位女生，为了让自己随时随地看起来漂亮，多年来始终化浓妆，睡觉时都不曾卸妆，结果二十岁左右的妙龄少女，却是四十岁的皮肤。

所以，女生们在购买鞋子的时候，一定要注意是否符合自己的脚形、大小，试鞋的时候最好是试一双，因为人的脚左右会略有偏差。穿好鞋子后身体站直，然后穿着鞋子走上二三十步，看看有没有不舒服的地方，确认脚尖是否留有缝隙，适当的缝隙应该在顶脚尖时，鞋距脚后跟有0.7~1厘米的距离。

一双鞋子的使用寿命和保养有着非常密切的关系，鞋子也会“疲劳”。女生最好有三到五双鞋子，经常轮换。暂时不穿的鞋子要用鞋油保养，内里最好有鞋架或者将报纸揉成一团塞在里面，这样可以维持鞋子的造型，并且还要时常用棉布擦拭鞋子表面的灰尘。

炯炯有神！这些买衣常识你留意了吗？

买衣服看重的是什么？我们宿舍的姐妹们回答：“当然是款式要流行！”

衣服不等于一块布，蕴涵其中的知识也不仅仅是一件衣服那么简单。选一件好衣服，需要关注的方面很多，切忌第一眼秒杀，还要多关注一下它的细节。

款式：

款式很重要，好看合身的款式完全可以提高你的气质，修正不足。所以，不管在哪里买衣服，一定要试穿。

外观：

一般外观只看其是否熨烫整洁以及是否仍有未剪干净的线头，大家还别小看这些问题。

做工：

检查衣服的做工是否良好，主要是查看衣服的车线是否均匀平直，是否有起皱现象，驳线是否不易查看。如是肯定的话，这些都是一般品牌所具备的。查看有无漏间线或是锁边位，因为工厂的工人有时会失误，从而导致漏间线或锁边位。买裤子时要比较一下是否有长短脚现象，买上衣时比较一下是否有长短袖现象。因为订单均是从小码到大码一起生产的，工厂是流水作业，极有可能出现工人一不小心拿错货或是配错裁片的情况。

物料：

如果上面几个问题都查看并确认没问题后，就该查看衣服的配料了。第一要查看的是拉链，如是一条裤子的话，重点就是拉链，所以拉链一定要多拉几次，看是否顺畅，拉链头是否可以锁S而不会自动滑下。其次是要检查纽扣，正常来说企业是会有规定其纽扣要承受多少公斤拉力而不会掉的，比如工字纽（牛仔裤前裤头的纽）打好后要承受每秒8公斤的拉力。

最后，就要看合格证了。根据国家纺织质控中心明文规定，凡是在商场或是专卖店售卖的一切服饰，均需要有合格证，特别是一些大型商场，要求更为严格。且此合格证上的内容一定要符合该款式的测试。比如合格证上注明是一等品，该衣服应当是一等品，而不应拿次品当一等品。一些企业也有自己的企标，但他们所设定的标准只会高过国家规定而不会低于国家规定。所以查看合格证时请认准执行标准栏是否与国家所要求的相对应，同时也要特别留意有无标示“安全类别”这一栏，一般成人所穿的服装都标示为B类，A类是婴幼儿用品，C类指非直接接触皮肤产品。

不花钱也能变漂亮的美容术

宿舍里的美容达人总在说：“手是女人的第二张脸，腿是女人的第二张脸……”总之什么都是第二张脸，这也说明了除了一张精致美丽的脸外，其他部位也非常重要。但往往在这时问题出现了，咱们学生第一是没钱，第二是花冤枉钱。

那有没有什么不花钱并有效的美容术呢？在以前，美容师可能会对这种问题嗤之以鼻，但如今，真的有不花钱的美容术！

第一，不跷二郎腿。对想保持腿形完美的女生来说，跷二郎腿绝对是美腿大忌，因为它会导致骨盆变形。

第二，美白。俗语说，一白遮白丑。细腻、白润、光泽的皮肤是许多女生追求的完美。除了使用各种有美白效果的化妆品外，在平常的洗脸水中加入少量白醋和盐，长久坚持下来，也可以使皮肤变得白嫩起来。

第三，指甲塑形。以前看韩剧日剧的时候，都会不由自主地注意到女主人公的手，纤纤玉指，椭圆的指甲像透明的贝壳一样圆润可爱。其实同学们不需要花费金钱也可以塑造出那样完美的椭圆形指甲。方法是每天从两边轻轻地捏指甲，久而久之，指甲就会变成漂亮的椭圆形。

第四，去眼袋。同学们还记得以前上课做的眼保健操吗？刮上下眼眶，这个简单的动作，可以帮助同学们去掉沉重的眼袋。当然，一定要长期坚持才有效。

第五，洗澡的时候用毛巾擦一些香皂清洗耳廓，时间久了，耳廓就会很白很亮。

只要青春不要痘，抗痘攻略全公开

大学正是追求美的年纪，可当某天醒来，看着脸上长出的大片痘痘时，真比便秘还纠结：不是早就过了青春期了吗！

同样是痘痘，产生的原因可能并不一样。要想真正达到好的抗痘效果，同学们必须首先了解自己面部的痘痘产生的原因，然后根据自己的情况对症下药，才能够真正获得抗痘行动的胜利。

肤质：油性皮肤更容易长青春痘，这是不争的事实。油性皮肤的出油量本来就多，毛孔也比干性皮肤的人粗大，角质也厚重。在冬天，油性皮肤往往可以保持良好的状态，但只要一到夏天，脸上就会不断地泛出油光甚至引起毛孔阻塞，从而长出一大堆痘痘。因此建议使用整套的控油产品做好保养工作，同时在夏天做好皮肤的调理工作，尽量少用抗生素、激素等来控制痘痘，谨遵医嘱。

内分泌：有些女孩子虽然经常美容，皮肤也很少泛油，可总是会长出成片的细小痘痘，这就需要去医院检查自己的内分泌是否正常了。因为内分泌失调是引起痘痘的一个很重要的原因。在继续做好美容工作的同时去看中医，调理好自己的内分泌问题，通过内服中药与外养皮肤双管齐下的方法来达到标本兼治的目的，痘痘自然会迎刃而解。

生理期：有些女孩子在生理期前一周的时间里，下巴部位特别容易长痘痘，这是因为这段时间内分泌的改变引起了痘痘的产生。

便秘：便秘问题常常导致脸上出现痘痘，那是由于积聚于体内的毒素通过皮肤排出而引起的。调整自身的饮食习惯，多摄取高纤维的蔬菜水果，改善便秘的情况，痘痘自然会消失。

压力：长期处于压力之中，容易长痘痘。比如考试之前或常常处于紧张、失眠状态的人，特别容易长痘痘。如果你的紧张感和生活压力是暂时的，那么不必过于操心，因为这样的痘痘持续的时间不会很长。出痘痘期间只要加强皮肤清洁、保持充足的睡眠，痘痘便会很快消失。如果因为神经失调或心理压抑而导致痘痘问题一直没有好转，建议你先去看心理医生，等到心理调试好了痘痘也就自动消失了。

水土不服：环境的变迁，会使得皮肤出现不适应或肤质的暂时改变，特别是在温度或湿度高的地方，皮肤油脂分泌会增多，容易产生痘痘。这时候就需要根据肤质变化做好调理工作，使用水质保养品。

痘痘消去之后，却还是有可恶的痘印，这时同学们应尽量少吃刺激性的食物，多喝水，多吃蔬菜水果，多喝酸奶和蜂蜜，保持正常的生活作息规律。

囧，牛仔裤原来不能这样穿

和宿舍女生去逛街，沿街满橱柜的牛仔裤，看花了眼。走进一家店，同学问我：“牛仔裤要怎么买？”咦？穿了十多年的牛仔裤，还真没研究过这个问题。同一个款的牛仔裤，有的人穿起来有型有款，有的人穿起来却像路人。

被称为“百搭”的牛仔裤难道也挑人？

从1853年李维·施特劳斯创立牛仔裤品牌以来，牛仔裤以其贴身柔软，穿着挺拔潇洒而风靡世界一百多年，且有长盛不衰之势。作为百搭服装，大学生的衣橱中至少有三条以上的牛仔裤，但如何辨别正宗牛仔裤，以及如何搭配才能将牛仔裤的特质以及自身气质合二为一呢?

如何辨别正宗牛仔裤?

第一，正宗牛仔裤用蓝色染料染成，呈深蓝色，面料无色花和条花，石磨后有鲜艳明亮感。

第二，水洗后磨后有手感，布面丰富有绒感。

第三，正宗牛仔裤拉链是弹簧拉链，有定位钉。

第四，最明显的区分在于，正宗牛仔裤采用双缝儿缝制，腰部采用链条式缝制，使用的纯涤纶线为三股线，不易脱线。而非正宗牛仔裤不会采用如此严谨认真的缝制，仔细区分就可以看出差别。

女生如何搭配牛仔裤?

牛仔裤的包容性很强，几乎能和任何衣服搭配。瘦版牛仔铅笔裤是近年来销售最为火爆的一款牛仔裤，紧窄的设计将双腿紧紧裹住，勾勒出性感的双腿以及臀部曲线。对于腹部有赘肉的女生，铅笔裤搭配一件宽松的蝙蝠衫，恰好能遮挡住瑕疵。对于臀部和大腿较为丰满的女生，深色调的铅笔裤是不错的选择，可在视觉上形成收缩效果，而一双淡色裸靴更能延长腿部线条。蕾丝大热，一条水洗磨旧的铅笔裤配上一件甜美的蕾丝上衣无疑将怀旧风进行到底，是可爱系女生不可错过的选择。

男生如何搭配牛仔裤?

牛仔裤在充分勾勒出女生玲珑性感曲线的同时，男生对其的青睐程度也不亚于女生，重点还是在于它给男生带来的那种简洁利落之感。男生牛仔裤的搭配相较于女生更为简单，关键在于细节的把握，把握好了细节，随性的男生同样可以将牛仔裤穿出自己的风格。

男生牛仔裤的搭配与当下流行的高帮鞋、T恤衫是非常普遍也相对安全的搭配。但若要搭配西服上衣的话，内里应配上格子衬衫，裤子以直筒牛仔裤为佳，西服上衣和衬衫的搭配要相当谨慎，如果一不小心可能穿为民工，那就大大不妙了。

女生打扮心机重

社团活动，我上台主持，新晋的社团女生自告奋勇给我化妆，说这样可以节省社团经费……

出来后的妆容天雷滚滚，粗黑的眼线、明亮的唇彩、厚重的粉底……十九二十岁的年纪，画出来的妆容却给人二十五岁的感觉……

女生应该怎么打扮呢？

发型。发型对于一个人的整体形象起着至关重要的作用，可以说，女性的穿衣风格和妆容在潜移默化中受着发型的影响。一个经常剪短发的女生穿衣风格通常简洁宽松，偏男性化。女生如果想在形象上有大的突破，首先就是选择改变发型。

化妆。一般女生化妆，无非是想让皮肤看起来白，眼睛更大，嘴巴更鲜艳而已。化妆和服装搭配一样，也要讲究主次之分。想要成为一个对美丽有感受力的女生，首先要做的就是观察自己的脸。如果脸部轮廓不够完美的女生，化妆的时候就应该突出眼睛，唇部颜色偏淡点。如果唇部色彩太过鲜艳，人们的视线就会集中在脸的下半部分。而一个人脸形的好坏，重点就是在下半部分的轮廓。

粉底。东方女性对于妆容中的粉底有着异乎寻常的执著，我们经常看到的欧美女星的街拍照，总是一副懒洋洋很悠闲的样子，有时候甚至觉得很邋遢。她们对粉底不怎么重视，强调自然色。

中国自古以来就有一白遮百丑的说法，但并非人人都适合象牙白的细腻色调，而且选择一款粉底，不仅仅是颜色，还要注意它与你的肌肤是否贴合，这些都是会影响整体妆容的关键因素。因此想要塑造一种细腻平滑的肌肤美感，粉底很重要，抛弃没有更白只有最白的观念吧！

女大学生丰胸整形谁之过？

假期回家，穿着拖鞋到外面买烧烤，烟熏火燎之中全无所谓形象，忽然听见有人喊我的名字，诧异地转过身，是多年不见的中学同学。如今她在首都读书，不久前才听说她和一个公司小开订了婚。

多年不见，曾经扁塌的鼻子变得又高又直，胸部丰满得与纤细的身材分外不搭。很多人说她是因为进行了整容和丰胸才能搭上富家子弟。先撇开所谓的羡慕忌妒恨不谈，女大学生丰胸整形早已屡见不鲜，但是是什么让她们下定决心在自己身上动刀子？

社会新闻经常报道某些女大学生为了找到好的工作，或者是为了挽回男朋友的心去进行整形丰胸。社会对于这类所谓“过分注重外表”的女大学生多半抱着批判的态度。虽然如此，女大学生对整容的追求依然是势头未减，且有越来越疯狂的趋势。

目前，大学生已经成为整形丰胸的一大群体。很多女学生在作整容咨询的时候，都会拿着明星的相片，希望能整成和明星一样的尖下巴、大眼睛。在大学生眼中的明星颇具时代特征，但流行这种事是随时随地都在改变的，所以大家没有必要拿健康开玩笑。

对于爱美的愿望，谁都能理解。但必须十分慎重，不要因为某种病灶而动刀子。像割双眼皮、隆鼻梁之类的，也许操作只需要半个小时，但是术前术后的咨询、和医生的交流却需要两三个小时。有些学生对整容的期望值过高，口口声声要把眼睛整成范冰冰那样的，把下巴弄成周迅那样的，对于这样的要求，很多整容医生都会给她们泼冷水，给这些狂热的念头降降温。与孩子迫切的整容愿望相比，父母的心态显得十分复杂，一半是担忧，总是在追问医生的把握有多大，手术的风险有多高，眼皮要切多宽等；另一半是无奈，他们是在百般劝说无效之后，不忍看着自己的孩子为容貌整天焦虑、压抑，甚至日渐变得自卑、孤僻起来的情况下，才陪孩子来整容的。整容费用高昂，都要由家长来承担这势必会给父母造成经济上的负担。如果术后的整容效果达不到自己的预期效果，那个学生极有可能会产生自我认知障碍等心理疾病。

归根结底，女大学生热衷整形丰胸，不仅仅是因为对美丽的追求，更多的是因为许多用人单位歧视丑女，或者是心爱的男人介意自己的平胸。要遏制学生的整形丰胸的热潮，除了学校家长的思想教育之外，也希望这个社会能够多一些宽容、包容，更重要的是心态要健康。

奇闻与趣事

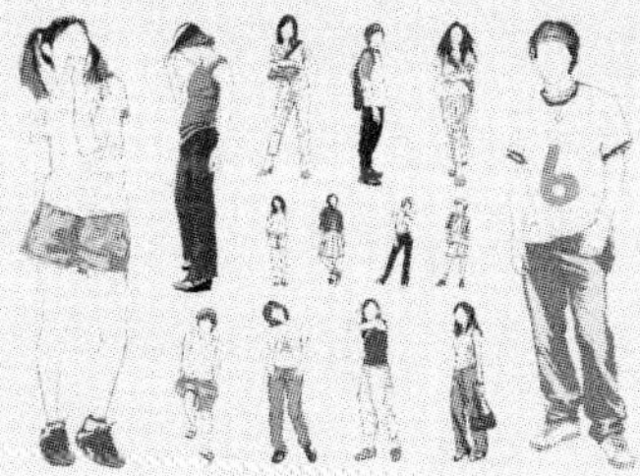

那些华丽的外籍学生

外籍学生的到来总是会引起学院女生的超高关注。

不一样的外形特征，不一样的文化背景，他们的生活和我们有什么区别呢？他们喜欢吃中国菜吗？喜欢黑头发黄皮肤的中国姑娘吗？

我们学院新来了几个外国留学生，外教带他们来我们的课上进行交流。面对着金发蓝眼的外国帅哥，我成功地脸红心跳舌头打结，把Hello说成Excuse me……

老外们对中国印象如何呢？为什么选择中国？

中国物价便宜。韩国学生朴俊，来中国留学，是为了能有更好的发展。但是，他的英文和中文都讲得一般，无法流利地表达自己的想法。

朴俊大学毕业后在首尔上了几年班，为了到心仪的跨国大企业工作，他便到中国来学习中文。他到中国后最大的感触是：物价很便宜。他指着身上一件衬衫说50块，身上背的包30块。而类似的衬衫在韩国起码要卖350元人民币。很多外国留学生都表示，到了中国之后最大的乐趣就是到各个小市场淘宝，商品很精致漂亮，价格也相当便宜。

为爱情学习汉语。小林今年3月份来中国上学之前，在加拿大学电子工程，只学习了两年，就中途来大连学习汉语。

小林在加拿大认识了自己的女朋友，一个大连姑娘。为了更好地和女朋友及其家人沟通交流，小林于是急切地来到中国学习汉语，等学习期满后，再回加拿大继续学习电子工程，并准备毕业后和女朋友一起在加拿大工作。

小林的父母都在日本，他留学的费用和中国出国留学的孩子一样，都是父母供给。小林离开日本出来留学已经3年了，在中国一年下来，大概花费6万元，加上在加拿大的两年，总共3年的留学费用已经差不多100万元了。小林在中国的零花钱每月将近3000元人民币，除了早餐和部分中餐在学校餐厅吃，大部分都在餐馆解决，他最喜欢吃上海菜。

法国薄饼哥。前不久，两位法国留学生在上海同济大学南校门外摆起了摊子，卖起了法式薄饼。两位法国帅哥的玉照顿时被发到微博和人人网上，许多学生慕名前去，吃薄饼，看帅哥。当被问起为什么想到做生意时，他们说看到很多人都在这里卖小吃，生意也蛮好，而且他们的法国薄饼也算是特色饮食，所以就毫不犹豫地干了起来。

两人卖薄饼的时候还发生了戏剧化的一幕，中国最精锐的战斗部队“城管”出现了！两位法国留学生不熟悉这个黑暗料理界的规则，也不知道城管是什么，只见旁边的小摊贩们推起推车骑上三轮车飞快奔离，学生们也冲着老外喊道“run，run，escaping”，两人这才回过神来，赶快离开。

我就是未来影帝影后！

咱们90后爱生活爱八卦，对娱乐圈的成名手段早就熟稔于心，无非就是：一脱成名、贵人相助、选秀节目、炒作上位、网上现眼……80后演员正当红，90后也开始进入戏剧学院，成为未来娱乐圈的后备军。那么，戏剧表演系学生的真实生活到底如何呢？

家声之所以选择读戏剧表演系，是因为喜欢电视连续剧，喜欢看小说，从小时候起就梦想着能成为小说中的真实人物。家声的父母都是军人，从小对他的管教就很严格，也希望他未来能向父母一样成为军人，而父母对他的选择一直都持反对态度，即便他已经考入戏剧表演系。

“希望能主演一部军旅题材的电视剧，这样父母的看法也许会转变。”家声说。

那么戏剧表演系的学生每天的学习生活是怎么安排的呢？戏剧表演系学生的作息安排基本如下：6:30起床，出晨功，所谓晨功，即练嘴皮子，念台词绕口令；8:30~11:45，上午两堂课；13:30~16:45，下午两堂课；18:00以后，完成四门专业课的课后作业。

专业课简称声台形表，其中包括声乐课、台词课、形体课、表演课这四门课。其中最花时间最费工夫的就是表演课的作业，要求每个同学每星期交出一个小品。这就强调了学生们的团队合作精神，因为你可能是我作业里的配角，我又可能是他作业里的主角。所以学生们之间的关系非常融洽。

声乐课是唱音乐剧，形体课像考专业舞蹈学院，台词课整天念台词。而表演课则快让人发疯了——剩下的就是观察生活，动不动就走到街上盯着陌生人看……

因此，他们现在除了完成课业外，没有任何时间和机会去接触校园以外的一切。“别说学校有规定，大一大二不能外出接戏，就算现在有剧组来找也没办法接。真的太忙了，哪里有精力再干别的事？”有戏剧表演系的学生这样说。

穿着性感太露，这样上课太奔放

夏天来临，大学校园春光无限，女生宿舍热裤短裙当道。有人说这是暴露……土了吧！土了吧！这叫有个性！坐在我后面的于雷猛然拍了我一下：“什么有个性，这叫暴露！”

昨天于雷在阶梯教室上大课，刚刚上课，两个女生突然走到他身边坐下。于雷随意地瞥了一眼，立马吓了一跳，旁边的两个女生穿着超短的格子裙。虽然裙子下就是安全裤，但光溜溜的大腿依然让于雷不好意思，而且上面还穿着吊带衣。为了不引起误会，于雷整整两节课都低着头盯着课本，不敢抬一下头。

除了男学生之外，男老师也很不好意思。余老师是音乐老师，前两天几个女生来上课的时候，竟然穿着短到差不多到大腿根部的高腰短裤，结果余老师一整堂课都上得极为不自然。女生宣扬自己的个性美没有错，但也要注意场合，适当地顾及一下旁人的感受。

真正会穿衣服，并且让人感觉很舒服的女生，常常非常在意他人的感受。她们能通过别人的眼神和表情，察觉出自己服装上的一些问题，无论是好的还是不好的，并且不断地改进。而不是毫无顾忌地将自己认为漂亮、性感的衣服胡乱地加之于身。服装是体现一个人，尤其是女生素质形象的最好的招牌。所以哪怕是穿衣服，女生也应该做到最根本的礼貌。

课堂是学习的地方，不是海滩，也不是五光十色的夜店，根据情境选择合适的服装也是女生的必修课之一。我经常看到杂志上登出一些国外校园美女的街拍照：英伦风的复古典雅，映衬着身后的砖墙湖泊，契合得令人怦然心动。所以，哪怕是为了最单纯的漂亮，女生穿衣也要注意场合，在课堂上穿着暴露就好像穿着牛仔衣裤参加正式晚宴一样，不合礼仪。

大学奇闻：控告女友劈腿

世界之大无奇不有，大学校园不仅仅是才人辈出的场所，同时也是雷人辈出的场所。听过有人因为离婚、重婚、小三对簿公堂的，就没听说过大学生控告女友劈腿的；我们学校最近就有这样的事情发生。面对这样的大学奇闻，有的人觉得不可思议，有的人觉得无所谓。

王丽和李乐原是一对情侣，两人相爱两年，热恋期间两人共同用一张信用卡。在两人分手前几个月，两人一道出去逛街，王丽请朋友吃饭、买相机、买衣服一共刷了六千多块钱。两人都是学生，都需要父母供养，王丽的行为让李乐非常恼火。看着李乐为了六千块钱和自己发火，王丽的自尊心有点儿受伤，于是回到两人的出租房后写了一张欠条给李乐。

经过那次的事件，李乐和王丽之间渐渐有了隔阂。李乐认为王丽花钱大手大脚，没有理财观念，而王丽认为男人养女人天经地义，女友买了东西还要打欠条，真是前所未闻。但想想两人相爱两年不容易，也就将就着。可是让李乐始料不及的是，王丽竟然劈腿了！

李乐每天打电话给王丽，但王丽就是不理他，看着王丽如此绝情，李乐无计可施，甚至带着朋友一起去收拾王丽的新男友。在李乐的大吵大闹之后，王丽更加坚定了分手的想法。两人就这样一直纠缠了大半个学期，李乐只好妥协，说如果要分手的话，就让王丽把欠他的六千块还了。之后李乐多次去找王丽追要欠款，王丽要么含糊其辞说没钱，要么就干脆关机，从来不给他一个正面的答复。暑假来临的前一个月，李乐再次找王丽讨要欠款，王丽却突然反口，说道："那些钱我不是已经还了五千吗？只剩一千了。"

李乐算是看出来了，王丽想要赖账。

想着王丽用了他那么多钱，最后竟然还劈腿。用着他的钱和其他男人在一起，李乐想想都来气。在最后一次追讨无果的情况下，李乐愤怒地将前女友王丽告上法庭，法院在审理之后，支持了原告李乐的诉讼请求。

法院经过审理认为，依照法律规定，合法的借贷关系受法律保护。本案被告借原告信用卡消费6 000元，承诺将该钱款给付原告，但到期被告没有给付，现原告诉至本院，并提供被告书写的欠条作为证据予以证实，被告对此欠条的真实性予以认可，符合有关法律规定，本院予以支持。对于被告主张的已经归还5 000元，对此没有提供相应的证据予以证明，原告亦不予认可，此抗辩不予采信，现该笔借款约定的还款期限已满，原告要求被告给付该笔借款6 000元，符合有关法律规定，法院予以支持。

钱虽然要回来了，但是李乐依然高兴不起来，两个人已经彻底地变成陌生人了。

看这恋爱谈的，如果追究责任的话，双方都得为这场无果的爱情负责，因为都不具备成年人该有的心智与担当。

传说中的全能型，博士都来羡慕我

哇！从博士硕士研究生到全能型的本科生，咱们大学校园可谓是人才济济。向来只有人往高处走的，可我忠实的好战友易冰却遇到了一个羡慕他的博士生。这是什么情况？

易冰大二认识了学长王譞，王譞正在读博，已经读了四年，将近三十岁的年纪，人却很内向腼腆，带着厚厚的黑框眼镜，文静得像个小女生。易冰很羡慕那些硕士博士，就像数学白痴的他对那些数学常常考满分的人莫名崇拜一样。易冰觉得自己能考上大学纯属天意，虽然毕业之后父母打算让他继续读研究生，但易冰很坚持自己的选择："我讨厌读书，大学毕业后要去做电子商务。"

虽然才大二，但是易冰已经考了电子商务师，并且一心一意地为不久之后的应聘作准备，为此他还特别留意网上的一些校园招聘活动。王譞很羡慕易冰，"你们真好啊，身上有青春的活力。"王譞说，读了那么多年的书，读到现在他彻底地厌倦了，尤其是在读了博士之后，他现在后悔得很。以前硕士毕业他在一家国有企业上班，年工资十多万，后来是想要摆脱那种坐办公室的枯燥生活才辞职继续读博的，可没想到越读越痛苦，越觉得自己和社会脱轨。其他学生在操场上打球，他只能在宿舍里猛啃书。有一个成语叫"著作等身"，他们这些博士是"课本等身"，读的书和自己差不多高了。王譞甚至有的时候一整个寒假都待在宿舍里读书，等到春天开学走出宿舍时，他突然有一种"沉舟侧畔千帆过"的惆怅。

王譞描述博士生涯，八个字就可以概括"论文、论文、论文、论文"。

第三年的时候王譞在网上投了简历，一连几个星期没有任何回音。王譞不可置信地打开网页，不断地刷新，在电脑前颓然地坐了大半天，最后才不得不接受了现实。想当年他还是硕士生的时候，经常有用人单位打电话过来，为什么读了博士之后反倒更难找工作了呢？

很多公司都不喜欢博士生，尤其是在读博士。其实如今的博士绝大部分工作能力还是很强的，只不过一听学校里说有课题，就得马上撂下担子，什么都不管就跑回学校。

张秀是个硕士生，父母一直以张秀为骄傲，鼓励她继续读博士。但是张秀很矛盾，她都二十七岁了，和她同年本科毕业的女生有的都结婚了，而她连一次恋爱都没谈过。每次看着面前漂漂亮亮的女大学生走过，张秀就一阵感慨，她也憧憬过浪漫的爱情，可是自己只能每天窝在宿舍、自习室里啃书，哪有时间去想那些风花雪月？

张秀的两个好朋友本科毕业之后就到外面找了工作，如今两人都稳定了下来，一个正在热恋中，另外一个已经在筹备婚礼。作为好朋友，她们也曾介绍过男生给她认识，可那些男生要么是担心她学历太高，要么就是对她沉闷的性格感到无奈……反正最后都以分手告终。曾经羡慕她高学历的朋友们如今都为她的未来担忧起来，可父母依然在坚持着让女儿继续读博士，来光宗耀祖光耀门楣。

有人说如今的博士就像围城，外面的人想进去，里面的人想出来。

结婚还是私奔，你准备好了吗？

教育部作了个艰难的决定：《普通高等学校学生管理规定》正式实施，学校不得干涉和禁止本科生结婚。

虽然有法令在支持保护，起码咱们学校就不会出现以前大学女生因怀孕被退学的案例。但是到底有多少学生在大学结婚呢？结婚之后难道不会后悔吗？

无论是中国还是外国，大学都不建议学生在校期间结婚。原因主要有以下两个方面。

一是精力受影响，难以集中精力学习。结婚之后双方学生肯定要同时面对生活的琐碎和学业的压力，精力难免会受到影响，就搞不好在什么年龄段应该做什么年龄段的事情，既然是学生就应该集中精神学习，不要到了最后“赔了夫人又折兵”。

二是有了孩子怎么办？结婚之后，很自然地就是生孩子的问题。怀孕之后女方势必休学，这肯定会耽误学业；而有了孩子之后，要面对的现实更加严峻，孩子的奶粉钱、教育费、房子这些都是必须考虑的问题。

在90后的大学生群体中，对于大学生结婚这个话题，反对者和支持者的观点同样鲜明。

反对者认为婚姻是爱情的坟墓，何必过早埋葬青春。学生们还年轻，年轻就意味着前面还有无数的选择，何必画地为牢，过早地将自己束缚在婚姻这个围城里呢？而且现实生活中也有很多相恋的男女，在大学毕业之后就劳燕分飞，那些男生女生在恋爱或者同居的时候，肯定也有过厮守终生的冲动。过早结婚的大学生，难道一纸婚书就可以禁锢住你了吗？你能确定在毕业之后不会离婚？

支持者认为：有爱就要大胆爱。他们认为现在的社会太复杂，爱情还是大学时期的纯洁美好。有人总说前面的诱惑和选择很多，大可以不必着急。说不定最好的就是现在。因此两个人相爱的话，就不要考虑那些无所谓的因素，而是应该把握彼此，活在当下。

如今很多高校对大学生结婚都抱着宽容的态度，尤其对硕士研究生而言，他们已经到了适婚年龄，与其偷偷摸摸同居不如结婚。但要注意的是，学生在校期间最好不要将生孩子当做头等大事，因为学业繁重，女生怀孕之后会严重影响到学业；更重要的是，虽然大学同意大学生结婚，但是在很多实际方面，比如住房、生育等对已婚大学生来说还没有保障。

无论是支持还是反对，都是怀抱着对爱情的真挚向往和祝福。不过既然选择了婚姻，就要为两个人负起责任来。

她心目中的好男人就是像M这样的，虽然不帅，但是温柔体贴有责任心，会包容自己的缺点。从中学到大学，她交往过不少有钱又帅的男生，但完全没有人能像M那样，给她带来那种自在舒心的感觉。

干哥哥干妹妹这种关系，其实都是暧昧男女玩的障眼法。玩得起就奉陪到底，玩不起的话，还是尽早脱身吧，做单纯的朋友是更加明智的选择。

“囧囧”有神的大学尴尬事

大学生的尴尬事，下面这些让人哭笑不得的事情，你做过几件？

第一，考试作弊。原本以为及格只是小菜一碟，没想到最后成绩出来……红火火的四十多分还是老师给的平常分，原来是抄答案的时候全部抄错位置了。

第二，女生宿舍大内幕。也许你在别人心目中是传统的小家碧玉，娇柔温婉，总是打扮得体体面面。可……宿舍里的你：零食什么的电脑什么的都搬上床，衣服裤子裙子在脏衣柜里搁了多长时间了？三天？还是一个星期？平常在外东西都收拾得十分规整的你，知道现在穿的袜子是从哪里翻出来的吗？但无论在宿舍里如何的没形象，只要男友一个电话打来，说：“我在宿舍楼下等你。”你立马能光鲜地出现在他面前，刚才的蓬头垢面只是浮云啊浮云。

第三，走错教室。一大早醒来，抓着课本迷迷糊糊地往教室赶，奔到人满为患的大课教室，找了最靠后的位置，直接扑倒继续睡。睡啊睡，睡啊睡……丝毫没注意到手机震了又震。等到下课铃声响起，才打开手机看了一眼，结果是同学的短信：“今天又在宿舍里睡懒觉了吧？你可快点来啊，老师点名呢！”你这才惊觉，自己走错了教室！而这短信却是差不多两个小时之前发过来的。

第四，查寝。尽管上了大学，很多东西和中学时代差别很大，但唯有一项制度万年不倒，那就是，查寝。有没有同学晚归啊？有没有同学喝酒啊？有没有同学打麻将啊？有没有同学使用大功率电器啊？这些都是要查的内容，每个月还要评出文明宿舍、党员示范宿舍……每当学生会的同学走进宿舍，都不由感叹：“你们宿舍真干净，瞧瞧这地板，光可鉴人！瞧瞧这桌子，水还没干呢！瞧瞧这几个女生，多么有活力多么精神！”等学生会干部心满意足地打了勾勾离开，关上宿舍门的女生们打开衣柜，什么酒瓶啊，脏衣服啊，漫画书啊……就都露出来了。

第五，周末不注意形象。我遇到这种事情不是一次两次了，每当我觉得已经够了的时候，总会有那么三次四次的意外来打击我一下。话说，周末不是应该放松吗？所以周末一整天穿着睡衣宅在宿舍里是很正常的事对吧？天气热下意识地把衣服撩起来吹吹小肚子也是人之常情对吧？可为什么在如此惬意的时刻，对面的宿舍会有男生来访呢？刚好我们宿舍的门没关，姐姐正蹲在凳子上往上撩睡衣，顺便打了个大大的呵欠，泪流满面地一转头……

大学生PK战，男女不平等？

虽然如今大家都在说“女人顶起半边天”，社会上也常常在讲男女平等。但男女真的实现平等了吗？

社团前任社长刘亚是应届毕业生，学的专业是旅游，在上一年的全国导游资格证考试失利之后，她考到了驾照。原本准备去景区里面开电瓶车，没想到连开电瓶车的司机都要男性。而且不仅仅是景区，外面的用人单位招司机，基本上都只限男性，即便自己有道理，对方只用一句“用人单位有自主选择权”就被打发了。

女大学生出去工作两三年后就到了最佳婚育期，这为就业增添了更多的障碍。

不仅仅在职场上，哪怕在情场上面，也有这种男女不平等的情况出现，而且并不鲜见。很多男生都有大男子主义，他们可以晚上出去举杯邀明月，却不允许自己的女友出去；一个男生他可能有过很多次性经验，找女朋友却希望是处女。学姐小兰的大女人情节很严重，也就是现在常说的御姐。从高中开始她就开始追逐爱情，和很多男生交往过。从那时候开始，不仅是男生，连女生都觉得她很放荡，并且在背地里说她是公共汽车。上了大学，身边的男朋友也经常换。父母也曾说过她。女生不能太随便，不然以后嫁不出去。就连小兰的邻居们都将小兰的行为当做谈资。

小兰觉得很冤枉，她认为这不是性格放荡不自重，而是在寻找爱情。之前踢掉的那些男朋友，不是没感觉，就是不爱了，这能有什么办法？难道女人和谁发生了性关系就必须守着那个男人到老吗？

男女平等！男女平等！呼叫！

大学校园超级绯闻，师生恋！

《男人四十》里面有这么一句话："我曾经以为会嫁给这个人，天天看着他，后来我把所有责任推在他身上，我无辜，我是受害者，我恨透了他，这两种感觉不停地在我脑中轮流出现，直到，我见到一个又老又病、孤苦伶仃等死的人，突然，这两种感觉都消失了。"

我想，这句话之所以让人念念不忘，可能就是在于它在真实爱情百转千回之后，怅惘回首才发现早已是沧海桑田。

好友曾经暗恋过高中时帅气冷酷的体育老师，当年毕业时她悄悄地告诉我，希望体育老师能等到她大学毕业，她以后一定回来嫁给他。一年之后，在熙熙攘攘的街头再次与曾经的体育老师偶遇，当然，还有他已经大了肚子的妻子。我们像很多正常的师生一样，略有些尴尬地聊聊天，好像他只是一个再平常不过的老师，好像当年毕业在KTV包房的洗手间里，他没有回吻过她一样。

短暂的偶遇之后是很快的分离。

她默默地走了很长时间，走到下一个路口时突然长长地叹了口气。她转过头来对我释然地笑笑："刚才真是紧张，幸亏他已经结婚了。"我愕然，朋友继续不好意思地解释道："以前可能是年龄太小，接触的异性少，总觉得他就是我心目中标准的王子，可是刚才一看见他我就紧张起来，生怕他还记得以前发生的那种事……幸亏他已经结婚了。"一路上我们都在讨论这个问题，朋友还是忍不住地念叨："当年怎么就能那么傻呢！""其实现在看看，他也没那么吸引人，我当年是脑子被门夹了吧。""人怎么可能一直喜欢一个人呢？"……

师生恋屡见不鲜，以前在高中，我们政治老师的老婆就是他原来的学生。当年的他还是刚刚走上岗位的青年，没有婚姻家庭的束缚，两人一直维持着秘密的交往，直到女学生大学毕业之后回到故乡，才以平等的身份和理性的思维选择了和曾经的老师结婚。直到现在，他们仍旧是流传在学生群体中的一大佳话。

我曾经也很仰慕我的历史老师，他博学多才，为人古板却非常正直。曾经我也在心里悄悄地幻想过，如果能陪在他身边那该有多好。不过那时的他已经结婚，儿子的年龄都比我们大。我也只是想想罢了。到了现在，站在一个成年人的角度思考，我觉得我很庆幸，庆幸在那样的年纪曾经那么纯粹地暗恋过一个人；庆幸自己没有因为一时冲动而向他表白，如果表白，可能就会陷入一种尴尬的境地之中。

真正的爱情，无关职业，无关年龄，无关一切的艰深晦涩，甚至无关性别，仅仅是因为单纯而存在。师生恋不是一个伦理问题，它像其他爱情一样，有甜蜜芬芳，也有痛苦纠结，它不应该因为师生身份而被扼杀。最能考验爱情的是时间，如果身份是师生的恋人，学生大可以在毕业之后再作出最后的选择，毕竟那时候的身份已经不再尴尬。

女生秘密：我想跟大叔谈恋爱

他是已婚成功人士，她是90后大学生，因为一场交流会，毫不搭界的人生从此产生交集。是做情人，还者选择结束？这需要作出一个决断。成熟人的思维方式永远先进，永远理智，吃不了一点亏。当爱情变成一场赌博一种交易，还有没有坚持的必要？社团的大三学姐私下给我讲起这段往事，我看着她的眼睛，却看不出任何的情绪。

庄玲在一次交流会上和邝先生相识，那时的她是学生代表，因此和邝先生的对话就相对容易些。庄玲学的是国际贸易，邝先生是一家著名律师事务所的合伙人。原本以为那些成功人士都是一副高高在上的姿态，所以庄玲对自己的提问能否受到关注不抱丝毫的期望。

庄玲记得很清楚，那天邝先生对她提出的问题给予了很高的评价。庄玲只是个初入大学校园的黄毛丫头，从来没想过能和成功人士有这样面对面谈话的机会。当时她的心情可以用一个词语来形容，就是受宠若惊。镇定下来以后，庄玲生平第一次专心致志地听讲座。她看着坐在主席台上的邝先生，目不转睛。

交流会结束后庄玲主动要了邝先生的电话号码，她不知道自己那时为什么会做出这样的举动来，不过，假使再有一次机会的话，庄玲还是会毫不犹豫地做出同样的举动。庄玲单纯热情，对邝先生的爱慕简单得令人发指。他们每天都通过手机短信交流，讨论的话题范围也由最开始的专业话题的讨论，延伸到生活的方方面面，她会问他："你今天吃饭了吗？""吃了些什么啊？""喝酒伤身体，少喝点。"……而邝先生也会告诉她，今天他到哪里去开会，在做什么。庄玲觉得两个人像在谈恋爱一样，分享彼此间细微的点点滴滴，乐此不疲。

庄玲知道他有妻子、孩子，也知道自己做的这种事情是羞于启齿的，但她控制不住。庄玲不喜欢同年龄的男生，觉得他们太幼稚，玩世不恭，而且总是自以为是。邝先生虽然年龄大，但是他的睿智成熟，是那些同龄男生无论如何也赶不上的。她鬼使神差般地喜欢他的一切，包括他苍老的容颜，就好像热衷于古玩的人，总喜欢拭去表面的蒙尘，探寻埋藏的光辉与璀璨。庄玲明白，邝先生也明白，他们不过是在玩着一场掩耳盗铃的暧昧罢了。邝先生终究是邝先生，他绝对不会为了一个大学生放弃自己的家庭。庄玲坚持的这份感情，前途很明晰，但也很残酷，做小三。

邝先生很有钱，做他的情妇绝对不会吃亏。

邝先生约庄玲在一家餐厅见面。他是上了年纪的人了，神情动作总是从容淡定，不疾不徐。两人谈了很多，工作、学习、休闲、娱乐，却始终没有提到那种事。马上到寒假了，邝先生主动打电话来，他希望庄玲好好想想，无论结果是什么他都接受，毕竟她还年轻，有权利选择自己想要的生活。

庄玲回到家的第一件事就是被母亲带着去相亲，对方是年纪相仿的男生，家庭背景也差不多，男生经营着自己家的公司，年少有为。庄玲认真地思考了一下，以庄玲父母的性格，根本不可能接受一个同她父亲年龄相仿的男生做女婿……况且，这是一段不可能见光的恋情，邝先生已经功成名就，而她呢？做一辈子小三？

之后庄玲发了一条短信给邝先生："我今天去相亲了。"

邝先生只回了一个淡淡的"哦"，再无下文。

庄玲拿着手机想了半天，渐渐释然，或许这就是成熟人士处理感情的办法吧，果断干脆，绝不拖泥带水。

虽然两人并没有在真正意义上谈过恋爱，但庄玲依然觉得很值得，寂寞而隐秘地眷恋着一个人，像是冰冷寒夜中一小簇温暖跳跃的火苗。就让一切到此为止，或许正是最好的结局。

男生秘密：老师，恋爱可不可以

他是学生，她是他的老师，两人的身份，不可跨越的鸿沟。他想像其他90后一样，大胆地爱恨，无所谓未来。将我当做好哥们儿的陈尘问我的意见，我只能说：如果爱，大胆爱……

可是因为真正的喜欢，心里便有了犹疑和不确定，老师的教学生涯、名声……不能被一场突如其来的师生恋所影响。

于是只能选择隐秘地暗恋。

大一的时候，学校新来了一位女老师，教我们思想政治教育。思想政治教育在绝大多数学生看来都是非常枯燥的课程，上这种课要么玩手机，要么聊天，要么睡觉或者赶作业。女老师今年刚刚硕士毕业，虽然已经二十六岁了，但身上依然带有校园的青涩和纯真。

在陈尘眼中，女老师不仅说话声音好听，而且人长得很漂亮清纯。因为这一份喜欢，陈尘上课的时候异常勤奋认真，比以前中学上政治课还积极。其他男生也对这位小老师很有好感，但毕竟只止步在欣赏的阶段。上课回答的问题越多，陈尘越觉得自己无法正视小老师的目光。因为每次一对视，他都会莫名其妙的心跳加速。这就是传说中的……怦然心动？

陈尘很纠结，因为他明白，虽然双方都是成年人，但毕竟是学生和老师的关系。他上过网，了解过网上对师生恋的观点，虽然有人赞同，但却是少数，而大多数人都是在质疑和谴责。

老师开课的时候，都会将自己的QQ号和手机号码等联系方式公布，便于和同学们交流。陈尘很早就加了她的QQ号码，还有手机号码，但是一直不敢主动交流，太过想念的时候就翻看着手机上的号码，悄悄地将她的名字改成“亲爱的”，每天挂QQ的时候都会一直关注她的状态，还有她的心情。她的空间里有很多教学资料，偶尔会有一两篇和同事一起出去游玩的日志……虽然他能很轻松地看到她发表的心情日志，但是透过冰冷的计算机，在庞大的网络之中，他觉得，这些文章好像是发给无数网友看的，自己并不是那个特别的存在。

就在陈尘犹豫不决是否应该主动出击的时候，学校里发生了一件大事。医学院的某位系主任和女大学生恋爱，之后发生了性关系，由于没能处理好，女大学生最终将老师揭发，老师被解聘。一时间，师生恋成为了学校里最引人注目的话题，在同学们的口中，那场最终对簿公堂的师生恋中的主角们成为了众矢之的。女生主动勾引，她不知廉耻，她为保全自身出卖恋人；老师为人师表却不知自重，道德败坏。

以前看过那么多网络上的辛辣观点，陈尘都没有特别的感觉，但是这一次，他真实地感受到了舆论的威力。陈尘说，他并不担心别人怎么看，他担心的是老师她是一个那样简单的人，安安静静地教书，却因为一个男生莫名的爱慕陷入舆论中心，被人指责，甚至有可能丢掉工作……

真的喜欢一个人的话，就用时间来证明。陈尘下定了决心，等到他大学毕业，有工作之后，他一定会再来追求老师。他现在什么都没有，作为男生，应该有起码的担当，只要她没结婚，他都有追求的权利。再或者，也许几年之后，他已经不再爱她……

未来的事，谁知道呢？

大学生生活内幕大公开

大学生生活就是每天教室图书馆食堂三点一线周而复始的枯燥生活吗？如果这样想的话，你就错了。

第一，宿舍的火锅和麻将。虽然学校一直在强调宿舍使用大功率电器的危险性，但学生们对宿舍聚餐确实有着父母和老师难以理解的热衷。学生们在宿舍做饭省钱是原因之一，但更多的是喜欢热闹的感觉。一个宿舍的同学凑钱买一大堆菜，买包火锅底料，一股脑儿地倒进电饭煲里焖煮，方便快捷又美味，有条件有胆子的还会凑钱买台电磁炉。除了火锅之外，麻将也是同学们的心头大爱，经常听见同学还有朋友们聚在一起聊麻将。班级搞课外活动出去聚餐，一大早就去聚餐的地方坐着，先上几桌麻将，两三碟瓜子，到了吃饭时间还恋恋不舍。手实在痒得不行大家就凑钱买一副，然后每天的聊天话题还有生活重心就完全放在了上面，如果遇到不会玩的同学还会“好心”地授业解惑，什么大三元、四暗刻、断幺九、十三不靠、杠上开花……说得头头是道。如果可以开一堂麻将课的话，学生们都是教授级别的水准哪！

第二，熬夜不归宿为哪般？现在的很多大学生都喜欢玩网游，尤其是男生，而且都喜欢集体作战。所以尽管宿舍里面有电脑，学生们还是选择到网吧玩，宿舍反而成了旅馆，回来睡睡觉就可以了。除了集体外出打网游之外，泡吧逛夜店也是大学生们熬夜的主要原因，和辣妹靓女们谈谈情说说爱，对着一桌子的酒透支着青春。

第三，她的恋爱好疯狂。李清一直都是我们班同学和老师心目中的乖乖女，不玩游戏，不喝酒，不打牌，乐趣就是和几个要好的同学聊聊天。上一年的社会实践之后，李清整个人忽然就神采飞扬起来，原本总是安静的手机会隔三差五地响起，室友们从她甜蜜的语气中得知她在谈恋爱。对方是实习单位的一个员工，已经35岁了，但还没有结婚。大家都认为不妥，对方年龄已经那么大了，在感情这方面肯定有经验，李清这是初恋，别到了最后被人家玩了都不知道。但李清显然不在乎这些，爱情已经让她昏了头。慢慢地，李清竟然彻夜不归，刚开始几次，她还打电话回宿舍，说有老乡来这边，她们在外面住宾馆。可后来，有其他同学说，亲眼见到李清和那个35岁的老男人开房。朋友也曾劝过李清，那种随随便便的男人靠不住。苦口婆心地劝到后面，李清竟然第一次冲好友发火："你是不是忌妒我啊？"好友无语，只能任她去。到了现在，李清已经基本不在宿舍住了，干脆搬出去和那个男人同居。虽然现在同居已经是很普遍的事，但女大学生在谈恋爱时还是要多点儿理性，至少不要让自己将来后悔。

神秘东南亚，泰国恐怖片风靡

鬼片，一向是宿舍女生们的最爱。大家围坐在一起，拉上窗帘，关掉灯，在紧张的气氛中等待着冤魂索命。

以前咱们最喜欢看的就是日本和韩国的鬼片，日本以《咒怨》为代表，韩国的则以校园题材居多。但最近，泰国鬼片却突然狂热了起来！咱们早对川岛伽椰子满地乱爬的矫健身影和韩国校园鬼片中女女的暧昧情节产生了审鬼疲劳……

近两年来，泰剧以其堪比琼瑶阿姨的剧情而渐成风靡之势，而泰国的恐怖片也丝毫不逊色。独特的异国风情，弥漫着神秘气息的小乘佛教文化，混血男女，千回百转最终豁然开朗的剧情，还有绮丽冷艳的人妖……都令爱好恐怖片的同学们对泰国影片欲罢不能。相较于欧美恐怖片的血腥场面还有特效，泰国恐怖片更注重于对邪恶人性的鞭挞：生命就是一场因果循环，未来的果，必定有前定的因；哪怕过程早已毁尸灭迹，形体销匿，灵魂却始终存在。

香港恐怖片中，结局总是执著于对冤魂的超度，是为"他度"，这与港人受汉传佛教影响较深有关。而泰国人普遍信仰小乘佛教，小乘佛教更加注重"自度”，意即自救。在泰国恐怖片《旧情人》中，男主角翩然从花丛经过，片叶不沾身，总是对女友们花言巧语，最后导致自残而死的女友冤魂的疯狂报复。影片最后，当所有人都以为冤魂终于放过洗心革面的男友时，男友却因为违背了誓言，最终被冤魂从楼上推下摔死。因为对冤魂来说，男友的死亡才是她对自身的救赎。

基本上，在泰国的所有恐怖片中，无论剧情如何，始终贯穿如一的理念就是“善恶终有报”。而曾经风靡一时的日本恐怖片则带着一种强烈的“宿命感”，其中以《咒怨》最为著名。在川岛伽椰子和俊雄面前，人类脆弱得不堪一击。而影片更是将冤魂的仇恨强化到了极致，无论对象是谁，无论是否与自己有冤仇，全都成为自身怨气的牺牲品，以至于之后的《咒怨白老妇》、《咒怨黑少女》成为了附和之作。毕竟作为恐怖片，当看见一个场景就可以完全联想出下一个场景时，实在没有太大的意思。

泰国对于泰式恐怖的追求达到了一种极致的境界，其中以《邪降》系列最为经典。其中涉及了人性的善恶、生命的轮回、宗教，以及东南亚降头术，完美地糅合了泰式恐怖所需的要素，真正意义上成就了“恶魔的艺术”。

未来警察，警校生活大调查

自从看了《士兵突击》《我是特种兵》《大阅兵》等军旅题材的电视剧之后，咱们90后对军人一直怀有美好的憧憬，正好一位朋友在警校就读，怀着激动的心情虔诚地听他讲警校的事情。坚强、刚毅、自律、团结……什么？根本不是这回事？情况究竟如何？

不分配。以前高考之后，听说谁谁谁被警校录取了，家长一定会用非常羡慕和欣赏的眼神对我们这些拖油瓶说道：“看见没，警校，以后出来都包分配，哪像你们？”小A是警校的大四学生，他说学校根本不分配，他们和其他大学的学生一样，毕业了也要到处找工作。大一刚进校，老师就不断地灌输考公务员的思想。因此基本上到了大三，人人都在准备公务员考试。

训练非常严格。既然是警校，出来以后大多要做警察。这得练就一身好功夫，要练就一身好功夫，就肯定要经得住风吹日晒的磨炼。在《我是特种兵》《士兵突击》等军旅题材电视剧热播之后，很多男生都向往类似部队的严峻生活，有的白领甚至特意到一些俱乐部参加专门的军训。所以警校学生多划得来啊，整天都在军训啊！除了正常的学习之外，每天都要雷打不动地练体能。内容是400米一圈的操场，跑二十圈，然后接着是鸭子步。

每天的作息安排也很严格。早上不到六点就得起床去跑步，然后到快七点时收操。回到寝室好好整理内务，被子叠成豆腐块，物品摆放整齐。中午12点下课。吃饭，午休。午休完了要把被子枕头都整理好，否则会罚抄学员守则。下午又是集合排队上课。每天上课的时间都必须待在教室，上午下午的所有时间。即使没课，也得在教室上自习。绝不可以随便旷课。晚上要上自习。自习后只给一个小时的时间就要熄灯。绝对不能夜不归寝。

没自由。虽然说是警校学生，但毕竟都是爱玩爱闹的大学生。可很多警校实行的都是军事化管理。刚刚进校的萧寒有点苦不堪言，每天早中晚一天三遍检查宿舍，抽烟喝酒打牌统统不准，违者记过。一个星期只有周末才能出校，平常要出校还得交请假条……每天上课之前要到操场集合点名！不是说大学生活就是睡觉睡到自然醒吗？想睡懒觉不容易啊！不许随便谈恋爱，不许男女同学“走得近”。

运动。警校男生最喜欢什么运动呢？篮球？足球？都不是。其实是打架啦！一群大小伙子，正是血气方刚的年纪，被关在一个小小的空间里，学了一身本事无处施展，所以打打架，放松放松筋骨，释放一下心情是很正常的。而且，老师也看得多了，一般性的就是写个检讨。不过男生们虽然偶尔打个架，但感情还是要好得很，有时候遇到什么事情大家都是一致对外。

着装。在学校要穿警服，不但不能穿自己喜欢的衣服，而且必须注意警容风纪，大热天穿长袖衬衣不能卷袖管；大冬天穿大衣得统一，要么不穿，要穿的时候不许不穿。

男护士艳福不浅？卫校生活大解析

稀奇！咱们校医室有一位实习的90后男护士。看惯了现实中和动画片中温柔美丽的女护士，“男护士”一直以来只闻其声不见其人，现在却在现实中出现了。于是我们伪装伤风感冒，潜入校医室，见识一下传说中的男护士，顺道打探下令人浮想联翩的卫校生活。于是我们就从这位可爱的小男护士的口中知道了卫校的各种情况。

男女比例不均衡。虽然在中国，呈现出男多女少的比例不均衡现象，但是请放心，在护理学院，这种残酷的社会现实是绝对不存在的……一个系，几百个女生，几个男生……是什么概念？男女比例1：100啊！而其中的100是女生1才是男生。别以为女生多了，男生就好下手，在这种“母系社会”中，女性占着绝对的主导地位，男性大多只有俯首称臣的份儿。好吧，男生大度有大量，不计较。

女生大多强悍。也许正是因为男生太少的缘故，女生们都生出了一种“我们的地盘我们做主”的霸气。无论做什么实验要搬什么东西，或是做什么人体模特儿，男生永远都会被推向前，如果你敢说一句“为什么是我”，就会马上迎来排山倒海之势的咆哮：“你是男生啊！难道要女生做吗？”上课要占座位，永远只能拣女生们挑剩下的。到了实验课，要解剖尸体，一大群女生缩在后面，幽幽地讲什么“解剖课怪谈”，然后下课之后出奇善良地带着男生去食堂，说：“大爷，来一份大肠、炒猪肝、排骨、血旺……到了考试前夜，两三个男生相约去解剖室认标本，女生们得知后会突然打电话过来，等电话接通之后不是不说话，就是学着《咒怨》里的川岛伽椰子的鬼叫。

外院男生爱院里的女生。别以为1：100的比例男生就很抢手，护理专业的男生在雌性激素的包围下，自身的雌性激素也被激发了出来，所以女生们更愿意和男生们做姐妹儿，于是经常有女生一臂揽过男生的肩膀，然后豪气云天地喊道："走，今天姐姐请你喝老白干去！"但不知为什么，这些强悍的女生在其他院的男生面前却总是一副温婉贤淑的小护士模样。每次学院搞什么活动，只要有护理专业的女生上台表演，台下观众的欢呼绝对是超级High！

后青春叛逆，人生总要疯狂一把

我们从小就被父母教育如何成为一个乖宝宝，吃饭要怎么吃，讲话要如何讲，不能忤逆父母的愿望等等之类。包括选择大学，都包含了太多的家长权威。可以说，咱们90后，大多是压抑地度过了青春期。

于是上了大学之后，一远离父母的管制，就开始了后青春的叛逆。

街舞社的副社长周子童是学院的风云人物，我之所以每天那么勤奋地去社团部开会，就是为了见他。可最近听说他的父母不允许他跳舞了。郁闷地问一下："这是为什么？"

"学习？我为什么要学习？我都已经学了十二年了！而且这不是我喜欢的课程，不是我选的，我不上。"周子童原来一直是父母老师眼中的好孩子，考上大学之后父母对他更是抱着望子成龙的心态。可没想到周子童上了大学之后就迷上了跳舞，参加了学校的传街舞社，他把每天的休息时间都用来排练街舞，参加了几次学校还有市里举办的舞蹈大赛，他都取得了不错的名次，让他在学院里成了名人。逐渐地，周子童开始旷课，即使去上课也不认真听，而是和同学聊聊天，或者是趴着睡一觉。到了大二下学期，周子童挂了两门科目，回到家后父亲生气地举起手来，狠狠地扇了他一巴掌。周子童第一次和父亲吵起来："我被你们逼着学了十二年了！我不学了！"

我们班的伶伶，人和名字一样漂亮，但刚进校的她可不是这样，简直土得掉渣！伶伶的父母很保守，他们希望自己的女儿能成为有教养的淑女。可这个美好的愿望在她大学的第一个假期的时候破灭了。放寒假回到家以后，伶伶的父母发现以前的乖乖女一下子变得陌生起来。伶伶大冬天还穿着超短裙，下面搭了一条厚厚的裤袜，高跟的长筒靴，头发染成了褐色，还烫成鬈发……以前的乖乖女一下子变得陌生，伶伶的母亲检查了她的行李，里面带回来的每一件衣服在妈妈眼里都太大胆，花里胡哨。妈妈认为这根本不适合伶伶，要她换，可她依然据理力争："我很久以前就想这么穿了，我不换，这就是我的风格。"

叛逆，这个词本来就值得父母好好思考。首先家长在面对不听话的孩子时，应该明确的一个认识是孩子已经长大了，过不了多久就要走向社会，开始有自己的想法了，并且他们是独立的个体，有着独立于父母的思想。因此这种成年之后的后青春叛逆本身就具备了一定的成熟和理性，并且会持续相当长的时间甚至是一生，而家长无法接受的，是权威受到挑衅。所以家长千万不要压制孩子，应该以平和的心态来面对，以一个长者和朋友的身份把孩子往健康的道路上引导，而不是不由分说地独断专行。

山寨商品，你还能再雷吗？

和宿舍的姐妹们聊天，常蕊刚好回来，一瓶康师傅茉莉花茶扔在桌上，义愤填膺："看看，山寨得多么天衣无缝。"细细一看，康师傅变成了"庚师傅"……

算下来，咱们因为疏忽大意，还真买过不少的山寨商品："雕牌"洗衣粉买成了"周住"牌，"白猫"洗洁精买成了"日猫"洗洁精，连NOKIA手机都会买成"NOKLA"……这不是坑爹吗！

于是特意将宿舍里的山寨商品翻出来，看看咱们的成果……

1．服装，天下"阿迪"一大抄。阿迪达斯似乎是许多山寨服装制造商最中意的品牌，高中时代我班某位男生某日穿了一件极其潇洒的运动上衣到学校，那位同学正好坐在第一排，课才上了十分钟，后面的同学就听不下去了，原来那位同学衣服后面极其堂皇地印着"ABIDASI"。除了阿鼻达斯之外，人们的想象力、恶搞力是无穷的，反正不就是这几个字母嘛，可以无限组合啊！

2. 小说。我是萧鼎的粉丝，《诛仙》是我的大爱，每次去书店里都要到处找找有没有他的新书上架。某日，正在找书，一排的柜子上都是萧鼎的《诛仙》系列，顺着找去，竟然看见了《诛仙7》。可仔细一看，作者是“萧鼐”。

3. 手机。NOKLAN86。这款山寨大王在外观方面除了logo是“NOKLA”之外，几乎把正品N86模仿到了极致。功能方面，采用了MTK平台，山寨机主流的双卡双待功能也被囊括其中，不过参数中没有提到摄像头像素。看来面对正品N86的800万像素，山寨机也是很有自知之明的。

4. 食品。食品商标更是到了登峰造极的地步，除了常见的“康帅傅”之外，最近又有同学在学校超市发现了“廉师傅茉莉花茶”“庚帅傅方便面”。某天嗓子不舒服，去买了一盒金嗓子喉宝，买回来后才发现，金嗓子的金字旁边隐藏了一个非常微小的口字旁，除此之外包装雷同。

5. 洗衣粉。同学出去逛街，在一家不知名的小店里发现洗衣粉在促销，很大一包的汰渍洗衣粉只要一块九！用了之后发现洗衣粉不给力，仔细辨别之后才发现是“汰浩”洗衣粉！

同学们出门在外，选购商品时应尽量去正规的大超市，选购时一定要小心谨慎，认真辨别，不要花了冤枉钱，却买回来一堆山寨商品。

学在国外

哦吼吼，可以去国外念书了！我的高中好友小喜和Roger高考之后就去了国外上大学。国外留学看着洋气光鲜，但实际上独自一人身在国外，个中辛酸压抑有谁知……不过压力就是动力，为了美好的未来，燃烧吧！小宇宙！

在国内的时候，往往羡慕国外学生如何轻松，不会有恼人的作业，不会有考前苦读，到这里才发现完全不是那么回事，而且更甚。每天都几乎有2堂课到3堂课，每堂课2个小时或者3个小时。学校要求学生必须达到一定的签到率，所以逃课现象极少。课表往往经常变动，管教务的老师会发到学生邮箱中，老师上课都有课件，会贴到网上。所以每天回家以后第一件事便是查邮箱和登校内网。

作业分固定题目和老师布置的研究方向两种，小作业每门课每周都有，老师打印好学生到办公室拿来做，一周后老师会给出答案和讲解。大作业的时间要稍长一些，一般是5000～8000字的论文，不按时交要扣分，不及格须重做。因此这里的学生的日历上画满了各种deadline（交作业截止日期）。

学习同样有压力。虽然没有国内大学生们挠头的四六级英语考试，但考试也是多如牛毛，60%的淘汰率经常让学生们没日没夜地苦读。小测验和国内完全不同，会有考号、专门的考场和监考老师，而且题目多得惊人，开考后要笔不离纸狂写才能按时答完。小测验老师会认真批改，30%还要计入期末成绩。会考时10门课隔两三天考一门，考试时间长达三四个小时，考完一门总有手腕抽筋的感觉。出成绩的那几天大家都会很紧张，还有怕考不好祈祷的。成绩用小信封发给每个人，没有排名表，只有你的成绩和大家的平均分，这充分考虑了学生的隐私。

Teamwork（团队合作）这个词在国外的学习中被教授广泛提及，他们更乐于见到学生团队配合的精神。刚入大学时，每门课都有团队作业，不像国内很少有或者基本没有小组作业。同组的当地学生对小组作业显得轻车熟路，他们从小学开始就不断完成不同的小组课题，所以他们的团队协作能力相当高。小组共同完成一个课题远比自己单独完成要困难许多，因为在这中间不单是知识的体现，更需要不断提升自身的交际能力，这种能力在以后的工作中也是必须要具备的，甚至比理论知识更重要。

国内大学生都有这样的经历：教授布置一篇论文后，大家会上百度搜索出相关知识，然后剪切、粘贴成自己的论文。在国外，这样的论文成绩往往是零分。邓诗卉说，这是出于对知识的保护。所以论文中所有的观点都必须是自己原创的，如有引用，也必须标明文章的出处、时间等。

夜店夜店，应是灯红酒绿

记得小时候炫目的灯红酒绿，还有舞厅里迪斯科的劲爆舞曲；记得小时候流行的古惑仔，几个兄弟，一身胆气，在酒吧林立的广场喊打喊杀……到现在，曾经的那些地方早就随着时代的潮流被抛弃在过去，取而代之的夜店成为了大学生夜晚经常去的场所。

很多人认为夜店就是放纵的声色场所，而光顾夜店的我们就是背离传统价值观的堕落分子，迷茫的一代。其实不同地方的夜店都有自己独特的文化背景，只要适度，逛夜店也是一种解压放松的方式。很多夜店都有自己特定的主题。夜店并不全是人们印象中震耳欲聋的音乐和声嘶力竭的DJ，它也有轻松惬意的Countryside和浪漫慵懒的Jazz。

北京的夜店更注重文化氛围，而上海的夜店更具小资情调。咱们逛夜店，除了放松娱乐之外，社交也是主要目的。结交新的朋友、生日派对……人多选在夜店。总的来说，大学生去夜店主要是玩以下这些。

扩大交友圈。如今夜店在中国90后大学生群体中越来越受欢迎，很多大学生经常三五成群相约着去夜店High。玩在夜店图的就是个热闹，搭个肩膀碰个杯，说不定就成了朋友。

把妹。不可否认的是，夜店里的美女都很正。甭管外表多么正经的男性，骨子里还是渴望着一场灯红酒绿的艳遇，没那个贼胆只有贼心的男大学生也可以去那里，饱饱眼福。

喝酒跳舞。夜店里最好的交流办法就是喝酒跳舞。喝酒的时候，能让自己兴奋起来即可，不必喝得太多，只要能让自己摆脱拘谨，融入到夜店氛围中就OK。如果你想和美女帅哥有进一步接触的话，就跳舞吧！别在乎自己舞技姿势不堪，大胆地跟着节奏摆动吧！

长得帅就花心？痴情帅哥压力山大

虽然深受各种言情偶像剧的熏陶，但女生们可是天生就有一双火眼金睛，长得帅还专情的男生根本就是骗小女生的鬼把戏！

长得帅意味着花心？宿舍的姐妹们最近迷上了看面相！各位有帅哥男友的姐妹们，来看看你的男朋友是否具有以下花心面相吧！

眼头生痣。眼尾有痣的帅哥爱吵架，碰到不喜欢、不愉快的事就会马上爆发出来，属于那种直来直往不忍耐的人，而相对的眼头有痣的人比较会隐藏情绪。

眉根粗浓。眉根粗浓的人，如果他的脸长得很粗犷才能压得过去，如果脸比较秀气，就容易出事情，而且皮肤越白越是如此。

唇很薄又偏斜。嘴唇薄又偏斜的这种人也很花心，因为嘴唇代表家居生活，嘴唇比较正，形状比较好的，家居生活就会比较正常。

桃花眼。桃花眼有很多种定义，最简单切入的一个定义就是不管任何时候，只留眼睛的时候，他都是在笑的感觉，这也是很有桃花运的人。

有的男生很无奈，虽然我很帅，但是我很专一的。可为什么其他女生就不这么看呢？有这类苦恼的男生可能是做了以下让女生误会的事情！

勤快地回复女生的每一条短信。感情要的就是互动，女生非常容易受到暗示。如果你勤快地回复某一女生的短信，可能让她觉得你十分喜欢和她交流。

总是勤快地为女生跑腿。这样做一定会让女生误认为你在追求她，虽然你做的可能只是出于男生的义务。

女生们失恋的时候总是想办法安慰。这个时候最好保持沉默，他的男朋友或者喜欢的人都没有说什么，你凭什么抢在前头呢？即使真的把她当做好朋友关心，也绝对不要说她男朋友不好的地方。因为女生在这个时候最脆弱，没准儿她的芳心会突然被打动，随口说一句："我的男朋友要是你就好了。"

看你怎么办？

犀利学哥学姐，潇洒走一回

大学校园是个神奇的场所，这里文思飞扬，这里怪力乱神，这里无奇不有，都缘于这里的自由和包容。众90后男女生可以化身犀利哥潇洒姐，一切只凭着自己的兴趣。

大学生之犀利踢馆姐。也许很多同学都还记得2011年4月27日身陷“学历门”的唐骏，现身南京林业大学举办“我的成功可以复制”的讲座。讲座中途，一名杜姓女生突然起身质问唐骏关于学历的问题，以及对紫金山污染事件的看法，并且向周围同学分发传单，并请唐骏在复印件上签字。

这位小杜的做法令堂堂打工皇帝唐骏先生难以下台，并且迅速地在网络上引起了轰动，被称为“踢馆门”。随着网络科技的迅速发展，信息的传播也越来越密集，透过不同的媒介，我们每天都在受到各式各样信息的密集轰炸。网络渐渐成为青年人学生聚集一堂发表各自论点的平台。由于信息的多元化，大学生们的思想渐渐脱离当初的片面性，并渐渐显示出其独特的个性。对于所谓主渠道的学校教育以及专家教授的观点，现在的大学生所持的更多的则是一种怀疑和批判的态度。

大学生之犀利收碗哥。最近一位来自福州的大学生收碗哥。以其非常迅速的收碗手法火遍网络。视频中，男生神情专注、眼神犀利、手法娴熟迅速，且碗筷盘子分门别类放得很整齐。据记者调查了解，这位收碗哥是一位大三的陈姓学生，一天大概可以收上万个这样的碗。他工作一小时大概可以赚六块钱左右，一个月下来能拿到四五百元的工资。但是比收碗还犀利的是，为了给家庭减轻负担，他一个月的生活费仅仅只有一百多元钱。打工很正常，但能把收碗这个工作做到如此出神入化，连大妈都自叹弗如的境界，收碗哥的确犀利！

大学生之犀利杀猪哥。从几年前开始，网络上就不断惊爆北大或者清华的高才生选择杀猪作为职业。尤其是在如今竞争越来越激烈的趋势下，大学生毕业后何去何从成为了人们再次聚焦的话题。我国自古以来就有“万般皆下品，唯有读书高”的说法，所以每个家长都希望自己的孩子能够长大成才，上好的大学，有令人称羡的工作。这几乎已经成为了一种主流意识。但现实生活中却常常出现名校高才生杀猪的案例。杀猪哥不是个案，还有很多名校毕业生因为无法适应社会或者性格太过内向而选择了去修自行车、做搬运工、卖糖葫芦的行当，不过也有大学生自主创业卖豆腐卖凉皮成了高收入的老板。工作本来就无分贵贱，只要幸福就好。希望现在的家长根据孩子的兴趣来对孩子进行教育引导，不要让大学生因为心理原因而放弃了好工作。

国外工作一定比国内好

我身边的很多同学都向往杂志里描述的国外生活，因为欧美国家社会福利非常好。比如法国的社会医疗非常好而美国公司则像俱乐部，充分考虑到职工的利益，配有零食柜、玩乐设施，甚至还会给职工配备电脑、手机，这对天性自由爱玩爱热闹的90后该是多大的诱惑啊！

众所周知，法国人天性浪漫，注重生活质量，而且法国一直就是罢工和假期最多的国家。简直是懒人的天堂！

《The Big Guide to Living and Working Overseas》一书的作者说：“如果你在自己的行业真的是大人物的话，那就很有可能被其他国家看中，但是其他国家都会首先考虑自己国内的人选。”

在你开始找一份海外工作之前，你应该先确定，你是否真的愿意在另外一种文化下工作。如果真的愿意的话，你愿意被海外文化同化多少？你是否喜欢改变？你是否愿意学习一切新鲜事物？国外的公司更愿意招聘那些高科技人才，如果能力一般，在国外也不见得能找到比国内更好的工作。

如果你将自己找工作的国家限制死的话，就更难找到海外工作了。

JeanMarcHachey说：“比如，你热爱意大利的话，并且打定主意不去其他国家，你就必须在意大利找到一家公司愿意聘用你，还要向意大利政府申请工作签证。另外，你还要向政府官员证明，在他们国家之内，没有其他人比你更能胜任这份工作。当然了，如果你想要捡便宜，或做一些低端的工作，情况就不同了。”

哟嗬，寒暑假来临，大学生享受生活

早在寒暑假来临之前，身边的同学们就已经在忙碌，制订着自己的假期计划。经过了一个学期，寒暑假正是休养生息的好时机。那咱们90后的寒暑假安排表中都有些什么活动呢?

社会实践。这部分学生比较务实，对自己的未来职业生涯有着很好的规划。到企业单位实习得到的报酬虽然很少，但如果能到与自己专业对口的单位实习，你就可以有一个将你课本上学习到的知识应用到实践中的机会。而且，在实践过程中也免不了人际交往，可以提前感受一下职场的氛围。如果工作表现突出的话，说不定还有可能被企业录用。

御宅同盟。当今社会御宅族的势力不可小觑，即便是整天待在学校里也不能满足宅男宅女们对于“宅”的追求。每天都要上课、去图书馆复习，有时候还必须陪男女朋友去逛街，偶尔班级还搞什么聚餐、唱歌……这样致使下载的小说根本都没有时间看，新出的动漫也不能大饱眼福。而只有到了假期，才能有偷得浮生半日闲的闲情逸致。回到家，房门一关，整天窝在床上看小说追电视剧看动漫，不用再管什么人际交往，不用再注重什么个人形象，多自在!

联络感情。这部分同学比较注重人际交往，在回家之前就列好了礼物清单，七大姑八大姨三姑六婶，一个没落下。从回到家开始，整整半个月都穿梭在各个亲戚家，之后又是邻居的青梅竹马、小学同学、中学同学、高中同学……全都约出来逛街、聚餐、唱歌、喝酒聊天，互相分享彼此的八卦和大学生活，比比谁更杯具谁更囧。

户外活动。有人说，旅游就是从你住腻了的地方到别人住腻的地方，北方人向往南方的小桥流水，南方人又向往北方的恢弘华丽。学生们正处于爱玩的年纪，对一切未知的事物都抱着极大的热情和好奇，所以旅游就自然而然成了学生假期选择的休闲方式，在旅途中品味各地的民俗风情，开阔眼界，增长知识。

进入社会之后，属于自己的时间会变得越来越少。大学生，无所谓是奋发向上还是及时行乐，毕竟个人生存环境不同，各自有各自的活法和未来的目标。

无关羡慕忌妒恨，女生就是讨厌她

说到女生讨厌的女生类型，很多人马上就会想到当下流行的一句话“羡慕忌妒恨”。但很多时候，我们讨厌某个女生时，真的不是因为羡慕忌妒恨，往往要从当事者的身上找原因。

公主殿下。我身边有一个女同学，就叫她小Z吧。她人长得很漂亮，身材苗条，从穿着打扮、花销用度上可以看出家中财力雄厚。我乐于厚结人缘，毕竟大家五湖四海聚到一起不容易，因而对人也就宽容，还算老好人一个，不过也是个有原则的老好人。

记得刚入学没多长时间，班级上就有女生开始议论那位娇气十足的大小姐。感觉上她好像觉得自己从大城市来就高人一等，宿舍其他女生吃饭谈天，她就一个人玩电脑，防同宿舍的女生跟防贼似的；有好脾气的女生主动找她聊天，她就敷衍地做做样子，一副高高在上施舍的姿态……渐渐地，班上就没有女生愿意主动同她讲话了。小Z主动同我搭过话，一次上大课的时候她正好坐在我身边，顺手跟我借点儿东西，她就冲着我喊：“喂喂喂！”我有名字啊，我不叫“喂”，但当时人多，所以我不好发作。“拿张纸给我。”她还一副理所当然的表情。虽然我把纸拿给了她，但还是忍不住说道：“以后跟人借东西请说‘请’字。”

小Z相当无所谓地笑了笑，那笑容中还带着不屑和嘲弄。我也没再多说什么，只是以后尽量避免和她接触，大家都是人，都有被尊重的需要，自己把自己捧那么高让谁膜拜啊？再说又有谁愿意。

想变成你。同班好友Lonely学习成绩优异，待人友好，身上有一种真实爽朗的气质，能让即使不怎么熟的人也心生好感。她虽然不喜欢听老师上课，总是在课堂上看其他的书，却每次在老师点名回答问题时说得头头是道，提出自己的观点，因此深得老师欢心。Lonely不讨厌任何人，即使是那些对她明确表现出不喜欢的人，她也能淡然笑道："我又不是人民币，讨厌谁喜欢谁都是各自的权利，如果连这点微小的权利都要剥夺，人活着还有什么意思？"

我原以为Lonely这一辈子可能真的不会有讨厌的人，这也算是一个奇迹。

可不久之后，她就向我大吐苦水。生平第一次，我听她讲述了那个令人讨厌的同学。Lonely曾经提起过要买一台数码相机，那个同学听说之后也表示了自己要买的意思。之后Lonely每次提到要买什么，那位同学都会牢牢地记下来，并且表示自己也会买。Lonely没当一回事，后来她去考驾照，那位同学又开始打听，反正不管她考什么证，那位同学都要尾随。后来直接发展到模仿Lonely的穿衣风格、说话方式，甚至是兴趣爱好！甚至是Lonely曾经对她说过的话，她都会原封不动地对别人重复说，完全就是把Lonely的思想当成了自己的思想。后来据她身边的同学讲，那个女生经常莫名其妙地问："为什么Lonely这么受欢迎？"

Lonely受不了了，于是干脆搬了宿舍，不跟那个女生交流。可是没过多长时间，又传出来那个女生到处说她的坏话。不过倒也不是什么严重的话，就是说"Lonely的性格好坏，很难相处"、"Lonely她其实很会装"之类的。

其实女生最怕的最讨厌的就是那种什么都想和你一样的女生。

美女帅哥心事几人知

校园中最令人好奇的两件事：第一，美女很美，帅哥很帅，但为什么不找男女朋友？难不成他们是gay或lala！第二，美女很美，帅哥很帅，但为什么他们的男女朋友都是一张大众脸？难不成审美趣味与众不同！

慧眼识人，草包帅哥我不要。

我的大三学姐Yuki是学校公认的美女加才女，不仅外表出众，而且还会讲一口流利纯正的英式英语，刚入学时就主持了学校的英语大赛，瞬间秒杀众人。

一般美女都非常难追，尤其是这种有才有貌的。尽管江湖上流传着她的传说，但是仍然有一大票富家子弟不断地向前冲，自以为有钱又帅会玩浪漫就能夺得美女芳心。Yuki的父母都是虔诚的天主教徒，自小对女儿采取西式的教育。在这样的背景下成长起来的Yuki，自然对当今靠家族耍酷的富二代丝毫不感冒。即便是有帅哥情人节玩浪漫，在她的宿舍楼下摆了一个用玫瑰花拼成的“我爱你”，也丝毫打动不了美人芳心。

很多人认为Yuki过分挑剔，没想到大三的时候，Yuki和一个农村来的男生手挽手坐在校园林荫道的“情侣长椅”上，一脸幸福的表情。这颇令人大跌眼镜。

Yuki不喜欢那些满脑子一堆渣的帅哥。外表什么的都是浮云，虽然现在的男朋友没有强大的家世背景，也没有很多钱，甚至还是农村户口，但她就是喜欢他诚恳质朴、脚踏实地的品格。

帅哥，你在开我玩笑吗？

室友司锦一直都是个平凡的女生，这一点她非常清楚。她没有丝毫展现自己的欲望，仅有的爱好就是在宿舍里看看电影，绣十字绣。

可就在某一天，突然有个男生打电话给她，问她：“司锦，你可以做我女朋友吗？”

司锦蒙了，从小到大从来都没有男生主动向她表白过。司锦的恋爱经验少得可怜，一时间没了主意。好在男生似乎理解她的性格，说周末的时候大家出来见个面再聊。司锦只好点头答应了。

原以为喜欢她的男生也是那种从里到外平凡得不能再平凡的憨厚男生，没想到见到的他竟然是有校草之称的学生会副主席，其实也就是她的同班同学。男生笑得有点儿无奈：“没想到做了两年同学，你竟然听不出来是我。”刚刚约会，两人都保持着距离，内向的司锦一路上几乎没说什么话。她想对方一定讨厌死了这样无趣的自己，所以在第一次约会之后也没抱什么期待。令她万万想不到的是，对方竟然又接二连三地约她，并最终再次问了第一次的话题：“你可以做我女朋友吗？”

司锦对自己一向没什么自信，而他经常在学院活动主持节目，一上场就会引起场下学妹们的尖叫欢呼。这样女性缘超好的男生，为什么会看上自己呢？

司锦不由得想起言情小说中的狗血情节：几个闲来无事的男生打赌，谁能追上XX……

帅哥，你在开我玩笑吗？

校园秘密约会地大揭秘

大学，学习的巅峰时期；校园，恋爱的绝佳场所。

本班资深宅男春子成功捕获美女芳心，但也不能天天出去约会。费钱是小事，重点是不能离自己的宿舍和电脑太远，不然宅神之位不保啊！于是我们众女生再次为他量身打造了“最受90后欢迎的校园秘密约会地”！

湖边。相信绝大多数大学都有个湖，平静的湖面倒映着复古红墙的教学楼，再让大家想起了当年一句“撑一支长蒿，向青草更青处漫溯”。虽然，大学里的湖不让划船。但是在夕阳西下的时候，漫步湖边，杨柳依依，波光微漾，也是一个梦幻浪漫的约会场景……如果没有好学的学生站在湖边飚英文就更完美了。

亭子。图书馆附近必有亭子，这是大学建筑的定律，亭子周围必有繁密树丛，这是风水学定律（胡诌的），但无论如何，一座造型古典优美的亭子，是大学生们恋爱的好去处，既有意境又有氛围，很适合吟个小诗唱支小曲什么的。

花园。不管是在言情小说还是现实生活中，花园总是学生们最钟爱的恋爱胜地，花香芬芳，树影婆娑。记得有一首词中这样写道："灯半昏时，月半明时。"多么符合花前月下耳鬓厮磨的古典意境。

后山。"月上柳梢头，人约黄昏后。"有的学校有后山，这为学生们谈恋爱提供了绝妙场所。对比前面几个场所，后山的范围更大，两人还能牵着小手到处走走看看。当然了，如果要做亲个小嘴之类的亲密动作，也更为隐蔽。不过……夏天去的时候注意带喷蚊剂哦！

图书馆。还记得在岩井俊二的《情书》中，两位少年在图书馆中的场景吗？被微风吹起的白色窗帘，如同那些披挂着金色尘埃的年少往事。很多校园爱情，往往选择以图书馆作为开始。《恋空》里男女主角的邂逅，便是在充斥着明媚阳光的图书馆。越过书本间的缝隙，两双眼睛不经意间地碰撞，那拂动的，是谁的心情？

恋爱自由，我要追男生！

以前总听歌里面唱，回忆那些同桌的女孩，坐在自行车后架上的女孩，穿着百褶裙的女孩，梳着麻花辫的女孩……似乎女生天生就是适合被追求的，这让咱们不坐自行车、不穿纯白百褶裙、不梳麻花辫的90后女生情何以堪！

在如今被人戏称为"男人女人化，女人野人化"的当下，女追男似乎也变成了一种时髦。

女生们愈发的独立和强势，喜欢就是喜欢，想尽办法也要让你喜欢我。

当年刚进校的时候，我们曾经帮同班女生S追过男生。那追求的阵仗轰轰烈烈，最后竟然闹得满校皆知。S是个傻大姐一样的女生，从她在足球场看到那个男生小欧起，就展开了锲而不舍的女追男大作战。开头总是很二很美好，S主动要他的电话号码和QQ号，之后两人就开始了拇指谈情。S对此很满意，虽然小欧一开始就明确表示“我已经有女朋友了，还是做朋友吧”。但S认为，没有撬不动的墙脚，只有不努力的小三。在QQ聊天没有突破性进展后，在月黑风高的夜晚，S带领着我们班一大票女生到小欧的宿舍楼下，然后躲在花丛里，冲着他的窗口大声喊：“XXX，S喜欢你！”从这次以后，每次一看到小欧走过，无论是在食堂门口，还是在教学楼下，或者是每晚必去的男生宿舍楼，我们一大票女生都会冲着男生就喊：“XXX，S喜欢你！”完完全全就是一副我是流氓我怕谁的架势。

后来小欧被逼得没办法，终于主动约S面谈。以为终于修成正果的S打扮得漂漂亮亮去约会，回来后却蔫了。原来那个小欧约她出去，是要告诉她：“你和你的同学已经对我正常的学习生活造成了影响，你不是我喜欢的类型，我们可以做朋友，不谈其他。如果你一直这样对我进行骚扰的话，那我们还是连朋友都不要做了吧。”

S欲哭无泪，给她打击最大的就是小欧说的“骚扰”。对S来说，那是为她的幸福展开的攻坚战，怎么就能被说成骚扰呢？这让 S 无地自容。等她冷静下来后才发现，自己已经成了校园内很多人的谈资。为了欣赏她这一朵“奇葩”，小欧班上的女生甚至特意跑来围观……

其实女追男，或者男追女，都没有什么问题，因为任何人都有追求自己幸福的权利。只是 S 在女追男上犯了太多忌讳。女追男讲究的是战术，无论时代怎样改变，无论女人如何野人化，面子始终是薄的，所以女追男讲究点到即止。如果你已经付出很多，男生却始终不为所动的话，那也基本上可以判定，他对你没兴趣。

含蓄一向是咱中国女性的特点，无论是在穿衣打扮还是在言行举止上。所以当你去追一个男生时，没有必要闹得人人皆知。须知爱情有风险，追求须谨慎。

大学生专情就是老土吗？

从一而终，专情……这些美好的字眼在咱们90后的眼中却显得有些老土，因为咱们的恋爱史一般都很丰富。人总是在寻找着最终适合自己的那个人，何必为了一棵树木放弃森林呢？凡事都有对立的两面，大学好友扬扬正愁甩不掉前男友，同班同学唐唐却在前男友的情伤中久久不能复原。

扬扬是校花级的美女，刚刚进校的时候就有很多类型的男生追求。扬扬的恋爱经验也很丰富，很多单纯幼稚的男生都入不了她的法眼。

可不久之后，扬扬就接受了一个比她小一岁的男生。男生对她非常好，在她的生日聚会上，男生特意准备了华丽的包间、蛋糕、鲜花，并在众多朋友的注视下向她求爱。任何一个女生都拒绝不了做公主，大受感动的扬扬接受了他。两人就这样一直甜甜蜜蜜地恋爱着，他对她简直尽心尽力，从不敢怠慢，有些扬扬没注意到的细节，他都注意到了。他虽然比扬扬小一岁，但是却比扬扬高两级。扬扬大二的时候，他已经大四了，他的妈妈在家乡为他找好了工作。扬扬觉得他太黏人，根本没有一个快要进入社会的样子。扬扬每次一提出分手，他竟然还会哭鼻子！

扬扬越来越受不了他，没想到大四，他竟然不回家，也不出去找工作，整天跟着扬扬。扬扬实在受不了，下决心分手，那个男生竟然找到宿舍，跪在宿舍门前，扬扬不得不让他进宿舍，没想到他竟然想要跳楼！扬扬彻底吓坏了，没想到他这么专情。扬扬认为大家都还年轻，何必闹到你死我活的境地。

不同于上个例子中的“专情”，唐唐和男友从高一开始谈恋爱，上大学之后两人分别在异地求学，每天只能通过网络和手机交流。大一的时候，男友还特意利用长假的空闲飞到这边同她见面。那时候的唐唐依然觉得两人是相爱的，可没想到就在回去之后不久，男友主动提出了分手，原因是他和那边的一个女生相恋了。失恋的唐唐过了很长时间才渐渐恢复过来，但每次看见其他恋人发生类似的情况时，她都忍不住难过……男生难道都这样？之前的专情不过是因为没有遇到更好的而已。

根据一份调查报告，当代大学生恋爱都具有以下心理：性爱好奇心理，依赖心理，游戏人生心理。

大学生要树立正确的恋爱观，虽然大学生还年轻，但是在谈恋爱的时候，应该树立道德观和责任感，更要学会辨别什么是真正的爱情，也不要因为空虚、寂寞、无聊、好奇而爱。在恋爱的时候不要因为身体的快乐而爱，珍惜对方，也要珍惜自己。

当爱情不在的时候，也不要强求对方，放过对方，也放过自己。人都有选择的权利。

拜托，你们吵架好没内涵，洗洗睡吧

虽然我们性格大大咧咧，但实质上还是女人。时下流行的《绯闻女孩》，便验证了女人神经纤细嘴巴大这一特质。我们宿舍的姐妹们就经常小吵不断。在一个屋檐下，鸡毛蒜皮无小事。不如，就让我们数一下各种类型的吵架。

室友吵架：只要有生活的地方就有鸡毛蒜皮，只要有鸡毛蒜皮，就一定会有争吵。大学生也是如此，大学生争吵的高发率一般都是在宿舍。大学生来自天南地北，生活习惯、个人性格大相径庭，摩擦不可避免。男生宿舍还好，因为人人都神经大条，对待生活琐碎都是不拘的心态。女生却不一样，她们常常会因为一些鸡毛蒜皮的小事大吵特吵起来。但这与其说她们是因为小事吵架，不如说是因为对那个人长久以来积压的不满的宣泄。但是天下没有化解不了的矛盾，所以和室友起争执的时候，不妨先冷静下来思考一下到底是哪里出了问题。如果实在不行，就走出宿舍，到外面做做运动，听听音乐，排解一下自己的负面情绪，而千万别成为情绪的奴隶。

情侣吵架。情侣吵架常常让人觉得是在无理取闹。身边很多男同学都抱怨，女朋友不知道为什么总是莫名其妙地和他吵架，本来说男孩子，就大度一点，谁知道她吵得更凶，吵到最后就坐在一旁哭，边哭边喊："你不爱我！你不爱我！……"感情就是这样，看着美丽，得到之后才发现它身上有许多不足之处。过了爱情的保鲜期，情侣之间的问题就渐渐暴露出来，经常会因为琐碎的问题而大吵大闹。情侣之间适当的小吵小闹类似于调情，吵完架之后关系会变得更好。但不能常常吵架，因为人的忍受力是有限度的，它也会磨损，最终失去弹性，不知会在什么时候彻底崩溃。所以，如果你喜欢他（她）的话，就要对他（她）好点。

和父母吵架。自古痴情父母有，孝顺儿孙谁见了？我们都要尊敬自己的父母，即使真的有什么不满，也别忙着说出来，在说话之前先想想后果。有的人大言不惭地说："家人之所以称为家人，就是因为我们是最亲密无间的人，没有什么可隐瞒的。"说这种话的人正是借所谓的亲情招牌来发泄心中的不满，这种认知如果一直肆无忌惮地持续的话，那么只有请说这种话的人闭上嘴巴，因为他们没资格讨论亲情！

吵架，除了伤害对方的感情之外，对人的生理也会产生很大的坏处。喜伤心，悲怒伤肝。任何一种情绪太过强烈，都会伤害身体。长时间的大哭后，肝脏和肺都会受到"冲击"。由于肝脏主血，血库受到震荡之后，血脉就会乱；肺主气，在它们受"伤害"时，会造成血液流通不畅，呼吸系统暂时"衰竭"，然后出现手脚发麻、无力、面部无控制的抽搐、头晕、胸闷喘不过气等症状。生气，是人类情绪的一种表现，在中医学上指的是肝气郁结、肝火旺盛。经常生气对人的危害很大，轻者伤身，重者要命，比如肝癌、肺癌、胃癌、乳腺癌等疾病大都是因为长期生气的原因得的。

所以为了身体健康，请控制情绪，远离吵架。

时尚与潮流

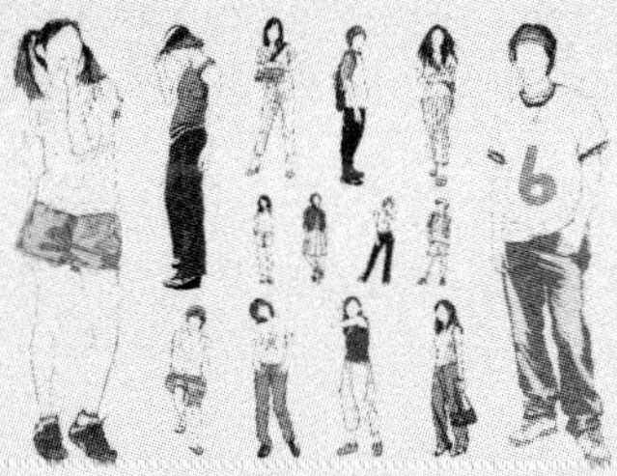

校园流行神马给力伤不起的流行语？

网络流行语的风靡在不知不觉中影响着我们的言行，在社团里，在宿舍，或者在班级里，“给力”“我勒个去”“喵了个咪”“我作了个艰难的决定”……已经成为90后的口头禅。

神马都是浮云。

如果要评选十大网络用语的话，“神马都是浮云”名列榜首。这句流行语之所以会流行起来，则是因为2010年的“小月月”事件。2010年国庆期间，一则名为《感谢这样一个极品的朋友给我带来这样一个悲情的国庆》的帖子中，“小月月”横空出世，以极其诡异的言行雷倒众生，并让网友们将“神马”和“浮云”联系在了一起，诞生诸如“小月月还能保持着晕的状态靠在他胸口，神马晕倒无意识论，通通是浮云!”的感叹。而“神马”和“浮云”的神奇之处，则是因为当这两个词结合在一起，便可组成万能金句，推之四海而风靡。其实在WOW游戏中早就有网友使用过这句话，只不过通过小月月扩大了知名度。而浮云一词为众人所熟知则是出现在《少林足球》中四眼仔的台词“那些只是虚名而已，好像浮云一样。”

莫装逼，装逼遭雷劈。

可能因为这句话的中文版言辞太过激烈犀利，不符合和谐社会的和谐需要，所以万能的网友在创造了“gelivable”“gelivability”等词组之后，再次创造了“Do not zhuangbility，or you will be leipility”。装逼是太过做作，太过虚伪，招致众人反感而发明出来的词汇。其实装逼到一定境界就是牛逼，反之则是傻逼。其实社会就是一个大舞台，装得牛了就是影帝，德艺双馨，如果不够火候那就是“二”了。

伤不起！！有木有！！

伤不起是一种网络新文体，从伤感蛋疼的校内体到感情强烈的咆哮体，“伤不起”一词载着各种各样复杂的感情，被越来越多的人争相使用。“伤不起”一词最初在校内、QQ空间上以文章标题的形式流行，被称为“校内体”，比如“这样的xxx你伤不起”、“xxx的人上辈子都是折翼的天使”……2011年，“伤不起”再度火爆起来，不计其数的网友“伤不起啊”，其阵容达到了一个新的规模。这一次，它是以咆哮体的形式流行，并在其后以“有木有”结尾，配以无数壮观的感叹号。网友感叹说：“咆哮体太厉害了，一边看一边感觉到有人在耳边咆哮！”

给力。

一个名为cucn201的配音组为日漫《搞笑漫画日和》作中文配音而红遍全中国，四个播音专业的大学生在配音脚本中添加的生活用语，因为其笑点迅速被网民接受，诸如“坑爹啊”“我勒个去”“老湿”。其中以“给力”最为流行。

激情。

这个词来自于“药家鑫案件”。2010年西安音乐学院的学生药家鑫开车将下班女工张妙撞倒，因为担心撞到“农村人”惹麻烦，所以他转身回到车子里，抽出一把水果刀将受伤的张妙连刺八刀致死。当然，这还没完，不久之后某位姓李的专家登上电视台，解释药家鑫的杀人动机，她称药杀人的动作和他弹钢琴时的动作是一样的，属于激情杀人……这位李专家的言论很快被网友转发到各大论坛上，引发了一场关于激情杀人的大讨论。当然，有良心的网友是绝对不会接受“激情杀人”这种荒谬的狡辩的。不久之后，这位姓李的专家也被爆出了学历造假……这位专家虽然人不厚道，但还是为网友们增加了一个调

即使脑子中装了再多的知识，如果不会运用的话，那它的价值和一堆废物是等同的。所以大学生们，一定要从现在就开始培养自己的实践能力，做个爱劳动爱生活的好孩子！

子女终究是长大了，管不住了，尤其是感情这种事情，越压制越反叛。想一想，在没有同学老师亲朋好友的陌生城市，和自己喜欢的男生女生拉着手逛大街，甜蜜蜜地进冷饮店……晚上多晚回去也没人总打电话催，多美。

侃的焦点，原来激情也可以这么强悍。

弃之可惜，二手物品有了拍卖场

宿舍的姐妹们是一支购物先锋队，但很多物品在购买之后往往闲置了，到最后积起了厚厚的灰尘。虽无用武之地，但弃之可惜。听说最近有学生在校园里开设了跳蚤市场和拍卖会！百闻不如一见，就去看看呗！

实物拍卖。某些学生或者社团在期末的时候会组织各种拍卖会，邀请全校师生参加拍卖会。而学生们经常拍卖的二手物品大多都是服装、书籍，以及各种电子产品。在拍卖会之前，组织拍卖会的学生会到各个宿舍搜集要拍卖的物品，敏敏拍卖的东西就是两年前购买的一个U盘，现代的。虽然内存只有2G，但是因为是名牌，买的时候花了90多块。敏敏电脑中的资源都会在盘中备份，但因为她的电脑中资源太多了，2G的不够用来备份，所以敏敏又在网上花很低的价格买了一个8G的水货，原先的就闲置出来。二手物品，大多数学生注重的都是质量，如果是一些水货的话，还不如自己花钱买，所以敏敏对自己的物品很看好。

快要离校的陈志峰是男生拍卖二手物品的代表，他拍卖的大多是一些考证培训的书籍，由于考证书籍太贵，所以在学生中的反映很好，因为拍卖的书籍价格比新的便宜一半。

相较于以上的物品，女生们的服装、化妆品之类的东西，基本上就无人问津了。这大概是因为女生特殊的心理，东西都要新的，要独一无二。所以由此看来如果拍卖的二手物品不是十分吸引人的话，基本上没有市场。

网上拍卖。如今很多的大学生都在开网店，淘宝上也有二手物品的拍卖。小开戏称自己是个败家女，由于家境富裕的缘故，她经常和妈妈姐姐到香港购物，从高中起就用品牌化妆品和服装。但买来的东西基本上用过几次之后就会买新的，或者是在买来之后发现不适合自己，对于这些东西，小开都会在网上进行拍卖。小开说与其把它们闲置，不如发布到网上和志同道合的女生们一起分享。小开的拍卖起价都非常低，基本上在十块二十块左右。小开笑着说这是因为好玩。

大学生要培养艺术细胞

这是某天，我和某人的对答：

达·芬奇是……家具吗？

莫奈是……诗人？

贝多芬是……唉唉唉，这个我知道，背多分嘛！地球人都知道。

巴赫是……将军吗？

叔本华……中国作家？

这样没有艺术素养的家伙，真让我们丢脸。要如何培养自己的艺术细胞呢？

一，要想欣赏音乐，需要有会听音乐的耳朵；要想判别形态的美，就需要有锐利敏感的眼睛；要想接触古今中外一切优秀的文艺作品，就需要阅读它们、欣赏它们，借以锻炼自己的形象思维能力。只有这样，才能提高审美趣味，加强审美感受。

二，要提高鉴赏能力，正确引导自身的审美趣味，还需要向那些具有某种专长的人请教。往往专家的意见可以影响、甚至改变自身的兴趣和观点。对艺术作品进行具体的分析、讲解，有助于加深人们对作品的认识、理解和感受。

三，深刻认识现实社会生活。艺术具有认识价值，一部优秀的艺术作品，能深刻而典型地反映社会历史，能成功地再现生活。提高艺术修养，有助于全面地欣赏艺术作品，深刻地认识作品的社会意义，更全面地理解社会、人生和现实生活。

四，更好地吸收人类文化的一切精华，吸取一切进步的思想营养。任何一部艺术作品都反映了作者一定的思想感情和生活信念。注重艺术修养，可以更深刻地体会一部优秀艺术作品进步的思想倾向，从中汲取向上的力量。艺术作品是通过人物形象来感染读者和观众的，因而对思想的熏陶作用也更有效果。

五，培养道德情操。艺术具有道德的价值，一部优秀的艺术作品中的艺术形象，对自己道德观念和人生选择方面有重大影响。注重艺术修养，可以通过进步的艺术形象，吸收进步的道德观念，逐步培养道德情操。

听说过没有，学生热门活动

我大二了，有过几场无果的明恋暗恋，至今仍在单身中。某天在宿舍午休，终于厚着脸皮要求宿舍的姐妹们介绍一个恋爱对象。

“你有微博没？”宿舍恋爱大神小步问我。我疑惑，难道如今找男朋友的条件里还多了一个微博账号？小步对着明显发愣的我摇摇头，拿过手旁的iphone，咔嚓咔嚓给明显还没回过神的我拍了几张照片，然后火速上传至微博：“随手拍解救单身大龄女学生……”我没经过任何PS的大饼脸猥琐地出现在网页上……

“你别瞪我，这是如今网上最热门的学生活动……好了好了，我会删掉的……”盯着小步将微博删除后，我便坐在电脑前，看看如今都有些啥学生热门活动!

扑街少女。最近一组“扑街少女”组图在facebook上大红大紫。图片中的少女脸面朝下，全身打直，以一副“倒头栽”的姿势出现在台北台中的各著名景点和精品店小吃店前，并配以文字注释。这组图片所表达的主题是“禁欲”和“Karren”。一边对着扑街少女大笑，一边在笑声中游览台北台中的景点，可以说是一举两得。拍摄“扑街少女”的是两位台湾学生，两位都表示拍摄这种扑街照不仅好玩开心，还能解压。

解救高校单身男女。继天涯社区之后，新浪微博成为了网民又一大言论广场，大到国际形势，小到网友自拍。前不久，微博举办了一场解救高校单身男女活动，上百所国内高校加入解救单身联盟。一时间微博上浩浩荡荡，所以都是“随手拍解救单身女大学生”这样的主题，蔚为壮观。

僵尸预警指南。2011年5月下旬左右，美国政府在网络上发表了一份网络日志，该日志“证明了有可能发生僵尸末日”，并且还提到了疏散路线、集合地点、紧急联络名单等。从生化危机系列，我们就可以看到美国僵尸风靡流行的文化现象。日本的一部名为《学园默示录》的动漫，也讲的是在僵尸围城的日本，一群热血学生如何逃脱的故事。该网络日志中写道：“你现在可能觉得好笑，但真遇到僵尸时，你会非常高兴自己读过这些。而且，你也许可以学学如何应对真正的突发状况。”对于这份日志，国内网友普遍抱着娱乐的心态看待。其实从日本大地震核泄漏以来，美国民众就开始担心核废料是否会衍生出僵尸之灾，毕竟切尔诺贝利的巨鼠给民众很大压力。紧接着，最近凤凰视频中一个乌克兰僵尸大游行的视频也吸引了人们的眼球。里面的僵尸大多是年轻人扮演，相貌恐怖如同行尸走肉，真像一场僵尸大狂欢。而中国的年轻人立刻在网上发表了一篇《丧尸危机入门手册》响应这场“世界僵尸潮流”，指导人们如何在僵尸之灾到来之时逃出，内容涉及之广泛令人不禁感叹：高手在民间啊！

拯救大学生御宅族

无论是在家里，还是在学校，我身边很多的同学朋友都选择了“宅”生活，具体表现为对户外活动不感兴趣，一到周末或者长假就待在宿舍里，对网络极其依赖与热衷，名为“宅”，实为“家里蹲”。

我代表正义和月亮，消灭你们这群“家里蹲”！为什么？

一、沟通障碍，交际能力低下。现实生活没有网络交际那么简单容易，在网络上，宅人们可以肆无忌惮地表达自己的想法，但是现实同网络相比差别太大，不仅仅只考虑到自己的感受，还要学会设身处地地换位思考，对已经宅出习惯宅出风格的学生们来说，现实就是一堵墙。

二、过于天真。很多宅男宅女都是日本动漫的爱好者，从中学起就沉浸在异次元空间、热血少年、纯情少女漫画中的宅男宅女对于现实社会总怀有一种不现实的设定，始终坚信着异次元魔法少女从天而降，由于与外界的接触面过于狭窄，所以很难理解当今现实中的一些丑陋面。

三、花费巨大。你以为宅男宅女很省钱吗？虽然他们每天都以方便面果腹，虽然他们对外表的修饰永远那么不在乎，但是很多宅男宅女总是对网络上最新流行的电子产品和动漫周边怀着永远的热血冲动，可以吃最差的，但爱疯，ipad呢？从日本订购的限量版呢？

四、身体变坏。这是宅人们最深刻的感触了，由于长期承受着电脑辐射，视力下降、体重增加，而且房间里空间密闭，对呼吸道也有着严重影响。

针对宅人们的兴趣爱好，特制订以下娱乐方式。

参加各种动漫周边活动。与其隔着电脑YY，大学生们不如加入大学的动漫社团，或者参加在本城市举办的各种动漫展。多和同宿舍的同学交流，与其一个人对着屏幕厮杀，不如买一副三国杀纸牌一起玩。

为自己的身体健康制订计划，每个星期运动三次，有时间就到运动场跑步打球，不出去的时候就在宿舍里玩跳舞毯，或者练瑜伽。

星座达人：你是我的A型血白羊座吗？

咱们90后，时尚，快乐，自信，热衷于查星座，看运势，算塔罗牌，今天宜出行，明天会破财……谁说这是变相迷信？错错错！

隔壁宿舍的小雅是有名的星座达人，对所谓的开运方法和饰品极为热衷，她每天都要根据星座运势来决定当天的行程。她每天随身带着一本星座小手册，注意当天的财运、爱情运甚至幸运数字，可以说这已经成为了她生活的一部分。与人交流，小雅第一就是询问对方的血型和生日，并以此推断对方的性格。在她的眼中，人不是单纯的人，而是一个个在游走的双子、金牛、天蝎、白羊……等各种性格的人。因此在选择男友之前，小雅一定会先上网咨询星座配对。

其实在现代，诸如小雅这样的人还真不少，虽然天文学家一直认为占星属于伪科学，但依然有大批的忠实粉丝死心塌地地信奉。如今很常见的根据出生日期来划分星座的十二星座学，是较早的划分方式。古代的占星学家们发现在地球360度界面延伸出太阳系外，恰好约三十度等份各有一个，总计为十二星群。在地球运转到每个等份（星群）时所出生的婴儿，长大后总有若干相似的特征，包括行为特征等。这些思潮和联想（丰富的想象和创造力）串联起来，便将这些星群给人性具像化并加饰了若干神话的色彩，成为文化的重要部分。这套命理的演进、流传至今已有五千年的历史了，它们以这十二个星座为代表。

很多人一直认为决定人性格的主要因素还是环境和教育，但是日本却最早提出了“血型决定一个人的性格和气质”的说法，并且很多公司将其列为招聘的条件之一。

血型为什么能决定一个人的性格、气质呢？日本的学者经过多年研究，认为血型有有形物质和无形物质两方面的作用。气质是无形成分，血型的气质表现，就是这类血型的人特定的思维方式、行为举止、谈吐风度等，是生物遗传的结果。比如O型血的人的性格特征是热情、坦诚、善良、讲义气，办事雷厉风行、踏实肯干、效率高。B型血的人聪明、思路广、拓展力强、怕受约束。不过人的性格除了遗传因素决定其本质外，还受出生地、生长、学习、工作环境的影响，所以性格才千差万别。

一个人走向社会，在参加工作后，这期间其性格也都在不断地变化。在这种变化中，可以看到不同血型的许多特征。

当然，血型与性格和星座与性格之间也并不是必然联系，只能作为一种参考或者娱乐，毕竟命运是掌握在自己手里的。

我们玩的就是“潮”

什么流行玩什么，这就是咱90后的口号。

爱疯：iPhone2007年6月29日在美国上市，将移动电话、可触摸宽屏iPod以及具有桌面级电子邮件、网页浏览、搜索和地图功能的突破性因特网通信设备这三种产品完美地融为一体。iPhone引入了基于大型多触点显示屏和领先性新软件的全新用户界面，让用户用手指即可控制iPhone。iPhone还开创了移动设备软件尖端功能的新纪元，重新定义了移动电话的功能。

iPad。传闻已久的平板电脑。iPad定位介于苹果的智能手机iPhone和笔记本电脑产品之间。它通体只有四个按键，与iPhone布局一样，提供浏览互联网、收发电子邮件、观看电子书、播放音频或视频等功能。iPad几乎就是一个人号的iPhone，操作界面完全就是iPhone和iPod的改良版，完全采用苹果自己的技术，包括第一次出现的CPUA4。苹果获得了ARM的CPU(Cortex)和GPU(Mali)授权。因此AppleA4只是一颗单核心处理器+GPU的融合体。它集成了CPU和GPU两种功能，也就是说它还拥有着3D图形渲染能力，在即将推出的程序里将会体现出iPad对游戏的更好的支持。

cosplay。无疑，90后是深受日本动漫影响最深的一代，无论是屏幕上的热血少年冷酷魔王，还是为其配音的男女声优，再或者是漫画家，都受到了漫友们的一致追捧，而作为日本动漫文化的cosplay，也渐成潮流。

韩流阵阵，大学生们的哈韩情结

俊男、美女，烧酒、泡菜……大学生哈韩哈什么？

从早期的《蓝色生死恋》《冬季恋歌》开始，不少中国学生就开始了哈韩之旅。曲折的爱情故事，俊男美女的组合，唯美的风景，还有漂亮的服饰和动听的音乐，都是韩剧中不可或缺的要素。

即便过了不少年，韩流仍然在主导着大学生们的流行风向。在韩国电视剧中，女主角无论经历多少艰难困苦，最终总能和帅气潇洒多金的男主角终成眷属。即使在以现实话题为主的电视剧中，仍然可见此类桥段。当富二代向酒店服务员示爱时，当西餐厅老板向胖乎乎的糕点师傅求婚时，当王子向平民高中生伸出手时，当温柔帅气的外科医生向已婚妈妈说“我爱你”的时候……无数的女学生，乃至孩子都已经成年的妈妈们都会不由得惊呼：“原来这也可以！”

韩剧完美地将现实与幻想结合，而且可以将它演绎得如此浪漫唯美。跌宕起伏的爱情历程，游离于现实的罗曼蒂克，还有那种令人熟悉的生活气息，对生活在现实生活中的女性来说，韩剧给了她们一种憧憬与向往。

我记得当年《冬季恋歌》风靡的时候，电视剧中男女主人公胸前的学生姓名牌、播音室的布置、两人一起坐过的公车，甚至垃圾场都和我们当时的中学一模一样。以至于当年看完电视剧，再次佩戴起那个曾经认为土不拉叽的姓名牌时，都会产生一种别样的、浪漫的错觉。很多人都认为，现在的大学生哈韩，哈的是美男、服饰、音乐。但我认为这都是很浅显的表面，在内心，必然还有一种精神在支持着一大批女性甚至男性粉丝对韩流热衷不衰。

大学生自恋爱自拍

这个时代的我们，少了些自卑，多了份自信，可有时又太过自我，往往忽视了围观者。这是个八卦当道娱乐至死的年代，90后怎可缺席？于是网络上爆出了一个个关于女大学生自拍的“绯闻”。

前段时间，我们市某个学院女生的疯狂自拍照在网络上疯狂流传，据说是该女生自拍留下欣赏的，不知道为什么就流传了出去。在网络科技发达的今天，想要人肉某个人非常容易，所以我们完全可以想象这名女大学生在曝光后，要怎样面对同学和社会的舆论。

不过在大多数范围内，自拍都非常合理。女大学生正值青春年华，珍视自己的身体，并愿意将其拍下来欣赏是很正常的。她们走到哪里都拿着手机进行拍照，见到一座雕像要合照，见到一棵树也要合照，在饭馆里上了一道菜也要拍……这是一个人人都疯狂自恋的时代。如今，不是只有明星才可以出风头的时代，只要你的相片够美，只要有人追捧，就能获得和明星不相上下的关注率，甚至可能因此踏上星光璀璨的明星之路。

自拍和自恋一样，都是很正常的行为，但如果太过疯狂的话，就会产生负面作用，所以要把握好度哦。

大学生追名牌追得好郁闷

蕾鸥一向是我们班女生的时尚风向标。无论化妆品、服装还是电子产品，她总像个女神一样矗立在最前端。可最近她却在宿舍里开始贩卖自己的服装首饰了，据说是因为三个月就花完了一年的生活费！

惊叹之余不由捂紧了自己的钱袋，路过名牌店，便在心里大骂："讨厌了讨厌了最讨厌了，名牌什么的最讨厌了……"但是双脚还是像生了根似的动不了，直到被同学给拖走……

大学生生活丰富多彩，不仅仅局限于校园之内。出去逛街购物，哪怕高跟鞋将脚磨得疼痛难忍，还是要坚持逛到天黑才凯旋。

似乎人与人之间的比较，更多是仰仗于你穿的用的是什么名牌。咱们90后大多都是独生子，优越的家庭坏境和长辈集于一身的宠爱，让我们从小接触到的都是名牌。上了大学，出门在外，又正好是爱展示自我的年纪，崇尚名牌，自然而然。

崇尚名牌其实没有错，因为它代表着我们对生活的追求更加精致美好。名牌代表的不仅仅是价格上的昂贵，恰恰它的理念和品质，往往才是人们所真正看重的。只不过凡事都要讲求适度和量力而行。据调查，很多大学生不惜追逐名牌，只是为了获得其他同学的羡慕。比如，有的大学生甚至不惜透支信用卡，只是为了买一款刚上市的手机。这其实是自卑感在作祟。

总的来说，现在的大学生追求名牌主要有以下心理：

盲从性——不知不觉。名牌衣服、名牌电脑、名牌皮包……看见自己喜欢的东西就不假思索地买下，看见别的同学买了新的东西就想着他有我也要有，于是就毫不犹豫地马上去买，甚至买更好的。他们敏锐地把握时尚，唯恐落后于潮流，名牌永远是他们的最爱，追"新"是他们不变的话题。

虚荣心——相互炫耀。穿名牌衣，穿名牌鞋，挎名牌包，越来越多的大学生对"名牌"表现出了极大的热情。这是什么原因呢？攀比是主要因素。一部分大学生追逐名牌的消费是出于自己纯粹的虚荣心，为了体现出自己的优越感而进行的炫耀性消费。

超前性——勇往直前。大学生基本上没有什么经济来源，经济上独立性较差，消费没有基础。经济的非独立性决定了大学生自主消费经验很少，不能理性地对消费价值与成本进行衡量。大学生没有形成完整的、稳定的消费观念，自控能力弱，因而大多数的消费都是受媒体宣传诱导或是受自己身边的同学影响而产生的随机消费、冲动消费。这也正是大学生消费模仿效应的结果。

我们标识自己是有个性的一代，但个性不仅体现在装扮上，在思想、行事准则上都要有所体现。所以，我们在消费的时候，忌盲从攀比。

大学生有车一族，炫富还是真的实用？

JJ这个学期忽然开了一辆车来学校，顿时吸引了大片眼球。虽然如今汽车在中国家庭已经很普遍，但大学生开车，还真不普遍！看着JJ一脸想炫耀又偏偏故作闷骚的表情，我都替他纠结。

随着生活水平的不断提高，学生的消费能力也在不断地挑战着围观者的心理底线。以前学生的交通工具大多是自行车、摩托车，如今汽车竟也悄悄地出现在校园内，成为了一道不可忽视的风景。虽然如今很多大学生在校期间，甚至高中毕业就考取了机动车驾驶照。但实际在中国的大学里，拥有汽车的学生还是少数，而且多集中在经济发达的地区，如上海、杭州等地的大学，而且名车如宝马奥迪并不鲜见。

杨宇是大三的学长，他现在开的是一辆别克君越，是他父亲淘汰的。让杨宇自豪的是，这辆车是他从他父亲手里花钱买来的，货真价实的人民币。杨宇在大一的时候就和几个同学合伙开了一家公司。为了兼顾公司事务和学校学习，杨宇早就打定了买一辆车的想法。大三的时候公司开始赢利，杨宇第一时间从父亲手中买了车，不过采用的是分期付款的方式。

药家鑫和李启铭的事件，无疑让外界对拥有轿车的大学生戴上了有色眼镜，你是不是经常深夜飙车啊？你是不是经常开车把妹啊？你有没有醉驾的经历……似乎开车的大学生都是玩世不恭的官二代富二代。杨宇笑得很含蓄，“我开车是有实际用途的，而且平常我不怎么开车，只有回家回公司的时候才开。”而且大学生开车也要养车，市内的学校通常都要收取停车费，一个月下来也是一笔不小的数目。而这些，杨宇都选择自己支付。

同样是在一所学校，杨宇坦言，还有些学生开着父母买的车，每个月靠着父母的生活费来养车。飙车、把妹、醉驾这些情况都存在，但仅仅只是少部分人，毕竟大家都是大学生，还是趁着短短四年的时间和同学联络好感情，不要因为一辆车子和同学从心理上拉开距离。

娱乐与美食

不要义务教育，大学体育要玩出个性

不同于高中时期的体育课，大学的体育课选择内容很多，不同的学校有不同的课程设置，并且同学还可以根据自己的兴趣爱好进行选择，有些学校的体育课还实行了“自主选择”——学什么、和谁学、什么时候学，都由学生说了算。

大家都知道，经常从事体育锻炼的人比不运动的人寿命要长12年，各个器官生理功能的差别可达15年。因为人在运动的时候可以加强心肌收缩，促进血液循环，肺活量可以得到改善，增加血液中的含氧量，使人体形成一个良性的循环。

由于大学中可选择的运动项目五花八门，很多学生可能就因为单纯地喜欢某个项目而选修那门课程，这是不正确的做法。同学们在选择课程之前首先要了解自己的体质，选择合适的运动，量力而行。比如患有慢性病的同学，高血压、糖尿病、心脏病、关节炎之类，就先要向老师咨询。在了解了自己的身体状况之后，就要了解各项运动的性质。

运动可分为三大类：接触性运动、耐力性运动、高技巧性运动。

接触性运动，如各种球类运动、拳击、空手道、跆拳道等，这类运动对学生的健康体能状况要求较高。

耐力性运动，如游泳、划船、健美操、中长距离竞赛等，这类运动需要具备较好的心肺耐力，所以如果心肺系统有问题的学生不适合选修。

高技巧性运动，如高尔夫、保龄球、太极、跳高、瑜伽等，这类运动比较安全，运动强度也不太大。

在选择了适合自己的运动之后，学生们还必须了解一些有关运动的注意事项，避免犯一些常识性的错误。

注意饮食，避免太饱或者空腹运动；游泳前不要喝太多饮料，以免因为哽噎而呕吐。

穿舒适透气的运动衣，选择尺码适合、鞋面柔软、鞋底可防滑和防震的运动鞋。

运动前要做5～10分钟的热身运动，运动后则要做伸展运动，使身体逐渐恢复静止的状态。

运动时如果发生头晕、气喘、心悸、呕吐等情况，要立即停止运动，并赶快求诊。

运动应该持之以恒，每周做三次以上的运动，每次持续20～30分钟，就可以达到理想的锻炼效果。

大学生运动会，总有一种适合你

又到一年一度的大学生运动会，没有大型赛事的宏伟壮观，也没有顶尖人才的参与，校园运动会，少了些紧张，多了些轻松自在。谁说运动会就只能穿运动服，谁说运动会的意义就只是运动，咱们90后大学生，玩的就是创意！

前不久重庆某大学的运动会开幕式引起了众多网友的瞩目。现代化的运动场上，来自各个朝代的美女帅哥们穿越而来，汉唐服饰、清朝的满族服装争相登场，看得人是眼花缭乱，让人以为自己走错了地方。之后还有舞龙舞狮方阵，健美操美女方阵……还有一个方阵服装怪异，被网友戏称为“厨师兵团”，甚至连腾讯的企鹅都出现了……这应该是我见过的最有创意的大学运动会开幕式。

而北京某高校的春季运动会上，成群的大学女生身着运动款的围胸和超短裙，在瑟瑟寒风中大跳健身舞，春色无边。

除了看美女看热闹之外，大学生的运动会还有些什么意义呢？

生命在于运动。好友KK是大二学生，他已经参加了两届运动会，虽然没有取得很好的成绩，但是KK依然每次都会报名参加项目。他说刚进大学的时候人就懈怠了，整天睡觉睡到自然醒，学习生活都一团糟，就好像一潭死水一样毫无生气，进入大学之前的豪情壮志也慢慢被无聊的生活吞噬。后来学校举行冬季运动会，班级要报运动员上去。KK想与其无所事事，倒不如参加玩玩，于是他就报了男子一万米。虽然最后成绩是倒数，但KK依然笑得灿烂，因为在运动会举办的前一个月，是他真正找回自己的一个月。他每天六点半就起床出去跑步，呼吸新鲜的空气，这让他感觉到自己丢失的勇气和决心似乎在一点点地回到身体之中。每当他跑完步后慢慢走回宿舍，一路上看到明媚的树木和花草，突然间觉得生命很充实。KK说，对很多懒惰的大学生来说，运动会的意义就是找回自己的生命力，重新开始的契机。

激发竞争和团结意识。人在激动兴奋的时候会激发肾上腺素分泌，导致人的竞争意识。无论什么形式内容的比赛，只要是比赛，就会有竞争。如今的大学生信奉事不关己高高挂起，但是在运动会中，运动员并不是作为个人在比赛，而是属于团队在工作，不参加比赛的同学也有自己的事情要做，比如照顾受伤的运动员、通信员、撰写稿子、后勤……在这个时候往往能看到团队的力量。

能拿奖金和学分。想到这两方面的同学很现实，不过这倒是真的，很多学生为了凑够学分，即使体力再如何不济，都会参加。因为即使没有名次，只要报名参赛都会有学分。

证明自己的一个舞台。运动会是一个大舞台，在这里，每个运动员都是全校师生关注的目标。如果能打破学校记录，那更是会获得全场学生崇拜的目光。

体育运动，装备很重要

大学生，选择一套运动服相当非常以及十分的重要，为什么要如此强调？因为我第一次进田径场，被赶了出来，因为我穿的是高跟鞋；第一次进游泳池，再次被赶了出来，因为没戴游泳帽；第一次进网球场，还是被赶了出来，因为穿拖鞋……

当然，以上胡言乱语可以选择性无视。但说真的，无论足球篮球网球或者是相对轻柔的瑜伽普拉提，选择一套舒适的运动服是享受运动的基础。对学生来说，选购球鞋运动服，最重要的是服装本身，而不是一味地追求名牌。

首先是运动服的选择，衣服材质一定要轻薄，散热性蒸发性好，肩膀处不要过紧，胸前部分也不应太宽松，袖子不要过长，材质和缝制方式具有伸缩性。裤子的裤管和臀部不要过紧，腰围适中，裤子不要过长。

足球鞋，无论比赛用鞋还是训练用鞋，最基本的应该选择一双适合自己脚形的足球鞋。作为学生的话，尽量选择带活动鞋钉的足球鞋，而不要选择固定鞋。因为前者可以根据场地不同进行调整，也相对经济一些。选购足球鞋时尽量选择质量好的，注意做工、皮质，及球鞋各部分的细节。

篮球鞋，最基本的还是要依据自己的脚形来选择鞋子。鞋子要注意鞋面的柔软透气，鞋内底除了避震吸震等基本功能，材质的透气性也很重要。篮球运动中的急停、快速起动等动作要求鞋子十分牢固，因此了解球鞋的内部支撑特性和外布支撑特性是十分必要的。沿鞋一周的纤维板，坚固耐磨的后跟支撑片，分布在脚尖或者后跟与鞋眼相连处的塑胶支撑条，都能起到很好的支撑作用，所以在选购时一定要认真检查。

球鞋建议最好在专业的运动店中购买，店中专业的服务人员会根据你的具体情况进行具体分析，从而提供适合你的球鞋。

大学生的运动疯

世界杯那段时间，男生宿舍灯火通明，网络奇卡无比。咱们班，以宅神春子为首的一批宅男们，更是坚决贯彻了御宅界中“没有最宅，只有更宅”的信念宗旨！

不管宅男还是运动男，人人都是运动疯！

我们班的阳光男生小健从小就喜欢踢足球，每月必买《足球周刊》《足球转播》之类的体育报刊熬夜看。以前上高中的时候，运动时光完全被高考占据，整天就是学习，偶尔在周末放学的时候才能和同学玩一玩。进入大学之后，小健把所有的课余时间都花在了踢足球上，还参加了校足球队。上个学期，小健还和班上的同学一起报名参加了市里的三人制足球赛。他开玩笑地说，他们还参加国际比赛——他们经常和外国留学生一决高下。那几天我们班的女生破天荒地去了操场，加油是其次，看外国美男才是重点。到了世界杯的时候，整栋男生宿舍都沸腾了，整夜不睡觉，一条过道里都是门后传来的激动的大叫和热烈的呐喊声。

如果学校断电断网，很多男生就选择翻墙出校，到校外找网吧或者足球酒吧，熬夜通宵。几罐啤酒，一堆烧烤，比打网游还疯狂。看好的球队输了，那心情低落的……比失恋还纠结。

除了足球之外，篮球也是大学生们的心头挚爱。貌似女生都更加喜欢打篮球的男生，也许是深受当年《灌篮高手》中流川枫的影响，看见高高帅帅外表冷酷的打篮球的男生，女生就会兴奋地大叫半天……

小健的室友季绍上大学之后加入了跆拳道社。他一直喜欢武术，以前小学的时候就缠着爸爸让他参加过一次武术培训班。虽然只有短短的 个月，但直到现在他都能记得当初的那种热血澎湃。不过之后因为学习的缘故，却没能继续学下去。但有空的时候季绍就打开电脑，看看李小龙和成龙的电影，在自己的房间里学着黄飞鸿英气逼人的架势，嗷嗷嗷乱叫。加入跆拳道社算是圆了他的一个梦，甭管学的是什么，只要是功夫就成，尤其是穿上那一身白色的道服之后，似乎一瞬间就有了身为一个武者的尊严。

瀑布汗！大学生集体熬夜疯网游

专业课：魔兽世界，CS

选修课：地下城勇士穿越火线跑跑卡丁车三国杀

如果有可能，可能男生会很喜欢这种课程吧……挂科？神马都是浮云啊！

上学期，在班导带领下，咱们一同勇闯网吧，将熬夜奋战两天两夜的男生带回学校，进行了深刻的教育批评！

如今有些大学生，非常喜欢集体到网吧打网游，而且一待就是几天几夜。很多网吧老板都说，经常来捧场的都是大学生，即使是期末考试那几天，生意也相当火爆。我们在网吧里经常看到这样的场景，有的学生已经坐在椅子上睡着了，前面的电脑上却依然挂着游戏；有的则是面前摆着一大碗方便面，边吃边鏖战。

即使不是在校外，很多男生也会在宿舍内熬夜奋战。

对于大学生集体熬夜疯网游，学校方面也出台了相关政策，比如通报批评，到时间就断电断网，限制网速……上有政策，下有对策，学生干脆私接校外网线，开通个人宽带，购买网络增速器等，有的男生还私接卫生间的电源，为此增添了不少安全隐患。学校管理实在太严格的话，男生们干脆就约着去网吧继续疯。一瓶水、几盒方便面，就可以坐整整一晚。

前不久，超级网虫王刚的去世引起了社会对网游之害的一致声讨，但就在这个事件渐渐落下帷幕的时候，重庆一名22岁休学大学生的猝死又令人们欷歔不已。原来这名大学生在同学的影响下，渐渐迷恋上了城市五光十色的生活，在买了电脑之后迷恋上了网游。大二的时候由于多科成绩不及格，在他本人的同意下休学到外打工。而后不久，他被发现猝死于出租屋内，而电脑上的网游还在运行着。

据调查，如今的大学生已经成为了网游的主力军。沉迷于网络游戏，最直接最严重的后果就是荒废学业。很多学生大学四年，弄垮了身体，荒废了青春，到了毕业的时候，连交一篇论文都要直接从网上复制粘贴。没有思想，学不到知识技术，结果只是一事无成、碌碌无为。

那么熬夜上网会给我们带来哪些危害呢?

过度刺激的游戏会使情绪突变造成猝死。一些年轻人患有脑血管畸形或者心律失常之类的病症，平时检查不出来，在连续熬夜和疲劳过度后，可能会导致其猝死。网吧空气流通性差，辐射强，长期待在那样的环境里，会对身体造成极大的损害。长时间上网、玩游戏，很容易经常三餐不济，体力透支，严重影响健康，从而诱发疾病。因为网吧内空气流通不好，人员又过于密集，还容易缺氧，造成供血不足或心脏、脑部供氧不足。过度疲劳还会造成心脏功能紊乱，引起冠状动脉痉挛。而这些因素，都增加了猝死的可能性。同时，长时间上网、玩游戏要一直保持坐着的姿势，容易引发血液流通不畅。这时人如果突然站起，很可能会因血栓脱落而引起肺栓塞，严重的话很可能会致人死亡。

除了身体上的损害之外，更严重的是心理方面。网瘾对一个大学生的伤害很大，相当部分沉迷网络的学生都不善交际，性格相对内向，情绪波动大，甚至做事走极端，患上抑郁症。

想要做一名合格的健康的大学生，需要有一定的自控力。而失控的人生是悲惨的人生。

大学生笔记本大抽查

欢子新买了一台笔记本电脑，挺好的牌子。她买的时候约了我们几个同学参考，无奈我们都是电脑白痴，一看包装挺好，对比了一下价格，一笔生意就这么成了。后来听说有软件可以检测电脑系统，欢子满怀好奇地下了一个，却检测出大问题！里面装的系统是两三年前的，不幸遭遇黑心返修机！

在网络上一个关于大学生笔记本的调查中，大学生购买频率最高的品牌分别是：联想、戴尔、惠普。

根据调查显示，大学生们在选择品牌时，更加青睐美国品牌，购买时则多以联想、戴尔、惠普最普遍。与此同时宏基、华硕受到的关注率不相上下，而原本认为应该最受关注的日韩品牌却出乎意料地购买率很低。有学生说，日韩品牌虽然时尚，但价格相对较高。超过四成的票数显示，性能是影响大学生选购笔记本的最主要因素。“价格”的得票率仅26%，这在一定程度上反映出低价已经不再是大学生选购笔记本的最高标准。“性能”加“价格”两大因素垄断了66%的票数，可见“性价比”这个老生常谈的因素在大学生选购笔记本中依旧占据主力位置。相比之下，“外形”并不被主张“实用至上”的大学生看好，得票率仅有2%。

在性能细分方面，受英特尔“摩尔定律”的影响，CPU的速度还是最受大学生看重。43%的得票率让“CPU速度”选项遥遥领先，“显卡”和“重量”各占约两成的票数。“显示屏尺寸”不是特别被大学生看重，仅有10%的票数。可见大学生对笔记本的移动性能要求不算太高。

大学生在购买笔记本时，可以用鲁大师，或者360硬件检测对笔记本进行检测。通过这些软件的分析，即使对电脑一窍不通的同学，也可以非常直观地了解到笔记本的配置，辨别出是否是黑心商家的返修机。

要做御宅族，网络连接你我他

我是标准御宅族，一到周末，出门已经成为往事。

一大清早起床，在洗脸刷牙的间隙将电脑打开。开QQ和老同学、各种游戏QQ群网友聊天，顺便分享一下新安装的游戏；打开MSN，在比利时养胎的Else会经常上传孩子们可爱的照片；登陆围脖，自从织围脖，我就很少打开新闻首页了，因为最新的新闻一定先是从围脖脖友处爆开的，而且围脖更便于我等围观；之后还要打开人人网，看看老同学最近又更新了些什么相片；豆瓣网也是每天必上的网站，在那里可以找到很多兴趣相同的网友，互相分享新的电影音乐……聊完天，看完新闻，就要上网下载点课程需要的资料。在下载间隙再打开网络电视，额……最近正在追的动漫好像更新了，真是的，一个星期更新一集好龟速啊！

每个月的生活费中都会省下一笔置装费。逛街神马的早已成浮云，外面的太阳那么辣，出去还必须防晒。为了形象需要，防晒之外还要化个淡妆。厚厚的黑色框架眼镜只是面对电脑的必需品，出门见人一定要戴上隐形眼镜。还要打开衣柜，换上衣服裙子鞋子帽子，带上太阳伞和包包，然后包包里面还要装上必备的防晒霜、手机、唇蜜、粉饼、眼线笔、纸巾、零钱包、钥匙，以及各种商店的打折卡优惠卡……这太麻烦了，还是在网上淘吧。一打开购物网页，大半天就算是混过去了。女人是天生的购物狂，不管是在现实中还是网络上。

这基本上就是我周末一天的生活状态。如果翘课，没关系，老师会把课程相关的资料上传到班级QQ群的共享，下载就可以了。如果觉得自己应该谈场恋爱了，也没问题啊，就打开同城交友网，先在网络上熟悉一下，觉得差不多再约定见面地点……

和朋友手机聊天太贵，打开视频语音多划算。学校网速不给力，碰到有那么一两天登不上网，那整栋宿舍铁定是怨声载道，而计算机专业的学生基本上则被问得炸毛。碰上熬夜赶论文的学生，整整一天的断网能让人生不如死。

好不容易班级弄个聚餐或者“农家乐”一日游，即使往穷乡僻壤那么一放，也依然拿出手机拍个不亦乐乎。给钓起来的鱼拍一张，给小沟里的虾拍一张，给围聚在一桌打麻将的同学拍一张。等到上菜了，先不忙着吃，拿出手机拍几个菜色，通通发到围脖上去，再兴高采烈地注解：“吼吼，今天我们班到农家乐玩。”

真是无时不网，无处不网哦！

见或者不见，网友就在那头

很多人一提起网友见面会，就会联想到不好的事情，被骗啊，见光死之类的，但是咱90后大学生的见面会少了些暧昧，多了些志同道合。社团的纱季加入了一个美食的围脖群，不久之后，同城的群友们组织了一次美食团网友见面会，地点选在一家新开的和风店。那天一共有三十多个网友，大家聚在一起品尝美食胡吹乱侃，非常热闹。而且大家的年纪都相仿，都在二十岁左右，大多是大学生或者公司白领。

当然，网友见面也免不了发生不好的事情，而这些大多会发生在QQ网友身上。因为QQ网友更倾向于个人对个人的交流，有时候只是两个人单独见面，而围脖更加透明化、公开化，所以发生事故的概率低。

但无论如何，如果是同一个或者几个网友见面，一定要注意“三大纪律，八项注意”。

三大纪律：

一，见面前一定要互换照片。这主要是针对互相爱慕的网友，无数的见光死证明了这个真理。两个人在网络上聊天的时候，难免对对方的相貌产生美好的遐想。虽然爱慕的两人可能不是那么在乎对方的相貌，但毕竟见面后会和幻想产生巨大的心理落差。

二，不要急着见面。无论是在网络上还是现实中，人与人的关系总是要经过一段时间的交流才能确定。如今很多人喜欢和异性见面，仅仅只是为了靓丽的外表，但是如果是真的要发展恋情的话，还是要经过长期的接触。

三，透露一部分真实身份。有些女生满怀期待地等着白马王子，结果等到了一个沧桑叔叔，有的白领帅哥等来一个中学女生……真实的网友见面往往会令人大跌眼镜。所以在决定见面之前，双方一定要透露自己的真实身份。当然，为了安全需要，你不能连自己的住址、学校都告诉对方，只要简单地说明自己的身份就好了。有机会发展的话，再慢慢了解也不迟。

八项注意：

注意一：双方距离最好不超过100公里。

注意二：不要开门见山发出见面要求。

注意三：直接探听姓名住址电话的别深交。

注意四：见面前最好经过电话沟通。

注意五：作好最坏准备。

注意六：别为追求完美让感情无疾而终。

注意七：见面地点别选太僻静的场所。

注意八：第一次见面行为一定要谨慎。

要学习更要娱乐，大学生娱乐方案

一到假期，床铺就成了我的第二故乡，神马课程，神马社团活动，都是浮云！不料美好的床铺生涯第一天就被破坏，被宿舍的姐妹们拖起来，好好地进行了一番娱乐教育。

第一，出游。很多学生认为旅游是一件太过奢侈的娱乐消费，交通费、食宿费……都难以承担。其实旅游是一件很随性的事情，只不过学生们受广告影响太多，总觉得旅游就非要坐飞机。非要去什么国外或者外省，而单纯的旅游只是为了简单地调整一下心情，享受假日片刻的宁静。学生们可以选择周边的景点，约几个要好的同学爬山游泳泡温泉；或者是去玩一天的农家乐，钓钓鱼、晒晒太阳、呼吸一下新鲜的空气……这些都是不错的选择，而且价格也在学生可承受的范围之内。

第二，运动。宿舍、食堂、教学楼三点一线的生活方式确实令人崩溃，而且也不利于健康。所以，在学校里待了太久的学生们，干脆趁着假期到外面的健身房休闲一下，让自己的身体运动一下，给自己的心情放个假。去健身房是不错的选择，这里可选择的运动种类很多，无论是向往宁静的瑜伽普拉提，还是热烈的肚皮舞或者钢管舞……健身房应有尽有。不过去健身房需要时间，虽然办年卡更加划算，但可能会超出大多数学生的预算。但是也可以选择去游泳馆、或者温泉会所适当地享受一下，也是非常不错的选择。

第三，游乐园。相信很多同学都还能回忆起小时候去游乐园玩各种游戏的激动心情。游乐园不仅仅是小孩子的专利，也是成人放松的好去处，并且里面的很多娱乐设施都是为成年人而设立的。在成人世界待得太久，不如走进充满欢声笑语的游乐场，毫无负担地尽情玩乐一番吧！

第四，唱歌。KTV是大学生们最中意的娱乐方式。四五个同学好友，订一个包间，就算唱到天崩地裂也没有人管，并且还是增进友谊的好时机。

第五，逛街。购物是女生们的最爱，逛街不仅仅可以购物，还可以大街小巷乱窜，在行走中体会一个城市的风格。除了每次必逛的商场和化妆品店外，深藏在小巷子里的淘宝小店和小吃店也是女生们的最爱。每一个城市或多或少都会有那么一两个大型的或是小型的跳蚤市场，学生们可以在里面淘到很多外面买不到的东西，而且价格也不怎么贵。

人人都是绯闻主角，超劲爆校园八卦

有人的地方就会有八卦，尤其是在大学这个充斥着大量年轻生力军的地界，各种幺蛾子频繁出没，怪力乱神八卦当道……就连学生会长苏玲这种好孩子都会被挖隐私！我对这个八卦的学校彻底绝望了！

学生会长。由于各种小说漫画甚至电影电视剧的描写，学生会长似乎成为了学校之中权利仅次学校校长的存在。每次大会小会，学生会长都是和校长坐在最前一排，简直是风光无限、荣耀非凡，当上了学生会长，就等于成为了学校的风云人物。所以关于学生会长的一切就成为了学生们娱乐八卦的内容，学生会长的学习成绩、学生会长的情史、学生会长不可告人的秘密、学生会长的家庭背景……

校园师生恋。大学生们都是身体和心理发育完全的青年男女，由于荷尔蒙的分泌，对异性产生感觉是很正常的事情。而大学校园里，每天无数对情侣月亮下花丛中拉拉小手亲亲小嘴，早就不是什么新闻了。但如果是师生恋的话，那就是头条新闻了，其劲爆程度不亚于深水鱼雷啊！很多导员在年纪上和学生差不多，观念上也相近，再加上和学生的接触较多，难免会和某个学生日久生情。只不过这种感情一旦发生，被其他师生发现的话，可能看起来就没有当初那么美好了，甚至会遭到众人的恶意中伤。

桃色事件。无论是学生之间的桃色事件还是老师之间的桃色事件，都会成为学生们茶余饭后争相讨论的谈资。如果男女主角是“知名人物”，那就更加具有娱乐性了。比如，我们学校就曾经发生过某社团部部长的桃色事件。每天移情别恋劈腿的人那么多，可偏偏他就那么受人关注。他是部长，常常在学校各种重大晚会上亮相，所以久而久之在校园里就成了知名人物。而他的女友是一位模特儿，也是风云人物之一。两人曾经在公共场合热吻秀恩爱，让吾等热血澎湃，不禁高呼：“这就是爱情啊！”可不久之后他劈腿了，和另外一个并不怎么出众的女生在一起。并且在没有分手的前提下向那个女生保证：“我以后会和你结婚的……”两人的悄悄话不知道怎么被人踢爆，迅速传遍校园。之后那位部长同时被两位女友踢掉。从此他形单影只，只是仍然喜欢在小女生面前装文艺青年的腔调……

大学生派对，怎么派？

一到周末和各种流行的洋人节日，学校就彻底变得轻松舒适起来。社团开始举办各种派对，身为任劳任怨且不能有任何怨言的社团理事，我开始站在校园的人流聚集场所派发宣传单……

单身男女派对。每年的11月11日光棍节，学校社团都会举办此类派对。场地不需要太大，足够的啤酒饮料还有零食，煽情暧昧的音乐，迷离的灯光……都是必不可少的装备。参加此类派对的都是渴望爱情的单身学生。派对对服装没有特别要求，根据自己的喜好打扮就OK。来自不同系不同专业甚至不同院校的男生女生汇聚此地，其实更像一场联谊会。

主题派对。这种派对应该是大学校园里面最常见的一种。在中国内地的大学校园，很多派对都是由学校社团举办的。每个社团都有自己的主题，比如热舞社主题就是舞蹈，动漫社主题就是cosplay之类……一般这些派对，对入场学生的衣着都会有相应的要求，当然气氛也会很热烈，男生还可以借跳舞的时机和心仪的女生搭讪。

圣诞派对。圣诞派对已经成为了每年必备。热闹的氛围，装饰繁复的圣诞树，当然还有背着大袋子满场发礼物的圣诞老人，魔术表演……都是必不可少的。并且临时起兴的集体舞、最后合唱的圣诞歌会把派对气氛推向高潮。

姐妹派对：这其实和国外的兄弟会有点儿像，不过貌似本国的大学男生们并不喜欢此种派对方式，反而是女生更为热衷。这种姐妹派对，面向的人群大多都是熟识的女生，场地一般选在女生宿舍，或者是KTV的包间。没有男生的介入，女生们不必在乎什么形象与矜持，既可以肆无忌惮地演绎《忐忑》，也可以一大桌人围聚在一起，喝着小酒，吃着零食，聊天谈心，甚至大哭一场也无所谓。当然了，一桌麻将，几副扑克，也是姐妹会必不可少的装备。

愚人节整人专家怪事

大学是不折不扣的怪咖云集地，尤其到了四月一日愚人节这一天，怪咖们精神大爆发，我就曾经被我们宿舍里最严肃认真不开玩笑的好学生耍了一通。大学生活苦短，对于那些在愚人节之前就在各种签名档上留下“谁让我过愚人节，我就让谁过清明节”的同学，愚和被愚在未来都是一种难得的回忆啊！

第一，趁哥们儿不在的时候，将他手机里你的名字换成他的女友的昵称，然后暗暗发一条短信给他："亲爱的，我怀孕了……"

第二，调制怪味可乐。买一瓶可乐，喝掉一半后，掺入醋、酱油、盐、芥茉等作料，精心调制一份色泽正常的怪味可乐。遇到熟人就装作正在喝，然后大方地递上去……

第三，牙膏夹心饼。把夹心饼拆封，去掉原来的夹心，拿出牙膏，挤出适量至饼中，最后加以黏合，尽量做得逼真像样。将之放至明显处，最好准备几片原始的夹心饼，一边吃一边看电视，自然而然就有人光顾品尝了……

第四，改变被愚者电脑中的一些设置。利用麦克风和Windows自带的"录音机"程序录下一些恐怖或离奇的声音，然后将其设置为Windows开（关）机声音。这样，当被愚者开（关）机的时候，冷不丁地肯定被吓一跳。

第五，将显示器的对比度调整至最低，以屏幕漆黑为原则。如此一来，除非对方非常心细，否则极难发现真正的原因。如果他觉得是硬件出问题的话，有可能会将自己的电脑"大卸八块"。不过电脑是私人物品，最好选择死党作为被愚对象……

御宅族必看，足不出宿舍也能HIGH翻天

我们宿舍一共住了六个人，六个女人一台戏。宿舍里的设备除了台电脑之外，电饭煲、电炒锅、呼啦圈、瑜伽毯、热水壶、电子秤……也是应有尽有。足不出户，便可吃住玩"一条龙"解决！

跳舞毯。无论在哪里，都要学会享受生活，善待自己。这是如今很多女性的观点，热爱美丽的女大学生也一样，无论在哪里，控制体重都是一项漫长的事业，而且还需要志同道合的同志相互扶持。于是跳舞毯成了女生宿舍最常见的装备之一。跳舞毯价格实惠，学起来很简单，很能消耗卡路里，携带方便，占地面积小，兼瘦身和娱乐两大功能于一体，实在是出门在外或宿

舍的必备良品啊！

化装舞会。宿舍自己办的化装舞会娱乐性更强。学校或者社团办的舞会，大多是为了社交需要，女生都必须打扮得大方得体，举手投足之间要尽显淑女风范。但宿舍里的舞会就不同了，大门一关，音乐一放，五六个女生，想怎么妖孽就怎么妖孽。今天的主题是比基尼，明天是“赤裸特工”。再或者比比谁更雷人，不用穿昂贵的衣服，不用置办精美首饰，一条床单往身上一裹，尽显雷人本色。

拼酒。我们宿舍的女生都是一群求知欲很旺盛的乖同学，在上了酒文化课之后，宿舍里就不断地多出各种酒来，坚决贯彻将理论与实践相结合的伟大精神。室友是北方人，最中意56度的红星二锅头。喝酒会上瘾，有事没事总喜欢找个借口庆祝一番，从箱子里取出酒，围聚在一起，配上校外买回来的烧烤和小菜，一瞬间烦恼全消，只觉得平日里苦苦思索人为什么活着，顿时有了答案，活着就是为了能好好地享受白酒小菜带来的惬意舒适。被高度数培养出来的胃似乎早已对黄酒不感兴趣，每次去逛超市，一定要去酒水区逛逛，中国名酒花雕酒、加饭酒、沉缸酒，是无论如何也要尝尝的。黄酒的确香，但度数太低，喝起来像米酒饮料，所以比较适合女生。

看碟。一个宿舍的人聚在一起看碟，会看什么呢？足球赛、“快乐女声”、“非诚勿扰”、《回家的诱惑》，还有……教育片。一起看碟好啊，聚在一起边吃爆米花边喝可乐，有在电影院的感觉。大学生都是群居动物，越热闹越好。女生们最喜欢聚在一起看传说中世界上最惊悚的恐怖片。一个人看那叫遭罪，比受刑还恐怖，一群人看那就叫刺激。当一群人爆发出的尖叫恐惧之中还带着点可乐之时，那叫一个爽啊。当然，看教育片也是不可不提的，而且数目和种类都非常多，动漫版、日本的、欧美的、国内的、港版的……真可谓洋洋大观，琳琅满目，多不胜数。

卧谈会。人都是八卦的，无关乎性别，只不过主题稍有不同。只要是住校生，宿舍娱乐里必有卧谈会。晚上楼长一断电，卧谈会就开始了，女生们凑在一起讨论班上最讨厌的女生是谁，评选出系部最帅的白马王子，谈谈理想，谈谈人生，互相调侃互相取笑，集体思考苍老师瑶瑶的童颜巨乳是如何修炼而成的……

男生们则在世界杯欧锦赛的时间段最为兴奋，胡吹狂侃，要是我是鲁尼我就咋地咋地，要是我是奥尼尔我就这样这样，要不就讨论一下今天遇到的谁谁谁长得好漂亮……聊到一两点钟，终于偃旗息鼓，模模糊糊中听见有人说道：“明儿的作业做完了没？”顿时吓出一身冷汗……

大学生美食大搜查

每到一个陌生的地方，无论是车水马龙的大城市还是稍显落寞的村镇，除了游览观光到处拍照之外，最重要的莫过于对美食的挖掘。

去过很多次丽江大理，除了对迷人的风景流连忘返之外，美食也是非常重要的因素。

相信很多去过丽江的同学都吃过丽江粑粑。丽江粑粑以麦面为主，辅以十多种原料油煎而成，酥脆可口，色泽金黄。

鸡豆凉粉是丽江的传统小吃，原料有鸡豌豆、韭菜、绿豆芽及各种调味品，可凉拌可煎炸。

丽江宁蒗的摩梭人的“琵琶肉”也非常鲜美。

说完了丽江的美食就不能不提大理白族著名的“三道茶”。

第一道茶是苦茶，也就是烤茶。第二道茶是甜茶，茶内加入红糖、乳扇丝、核桃仁、橘皮、芝麻等调料。第三道茶是回味茶，茶内加入松子仁、蜂蜜、姜汁、花椒，加入适量烤茶调制而成。三道茶意即人生的“一苦二甜三回味”。在美食中品读人生，这不得不说是少数民族的智慧。

河南洛阳的连汤肉片也是不可错过的美食，它以精瘦肉为主料，以木耳、金针菇、大绿豆等为辅料精心制作而成，肉片滑嫩，微酸可口。

川菜风靡全国，咱们大学生也是川菜的忠实拥趸，麻辣鲜烫，汤汁浓厚的水煮肉片，更是学生们的最爱。红的是辣椒，绿的是青菜，一大碗软嫩的肉片浸在香喷喷的红油中，色香味俱全，令人不由食欲大振。

在韩流的影响下，咱90后学生对韩国料理也是情有独钟。这其中以石锅拌饭最为出名，可依个人的口味酌量添加辣椒酱。添加了辣椒酱之后，原本清淡的石锅拌饭，口味就变得浓郁芳香，口感变得丰富多元起来。食用前要将饭、菜、酱料全部搅拌均匀，搅拌的时候，石锅会发出声响，饭、菜、酱料的味道也会随着热腾腾的蒸气飘散开来。

咱吃的不是零食，是甜蜜的回忆

说到校园美食的话，范围很有限，因为经常去的就是那么几个食堂。所以为了满足活跃的口腹，只能往校外跑。

和朋友逛街，无非就是贪图个吃喝玩乐，无论大城市还是小城市，都有那么几条热闹异常的步行街，云集了年轻男女最爱的服装首饰，香喷喷的吃食，令人欲罢不能。

在此就介绍几类很常见、又好吃价格也便宜的路边小吃，聊以解馋。毕竟现在城管管得严，很少见到这类的小吃车。

1.章鱼烧。一个烤炉，粉浆中加入章鱼末和其他的配料，放进烤炉里烤，一两分钟过后小丸子就会膨胀变大，这时再根据个人口味撒上些海苔粉，四五个放在纸盒子里，捧着盒子边走边吃。章鱼的味道，海苔的味道，色泽金黄，外脆里嫩，实在是逛街的必备良品啊！

2.炸鱿鱼串。以前吃惯了烤鱿鱼，结果某天在一路边摊前啃了一串油汪汪香辣辣的鱿鱼串后，就欲罢不能了。相信大家都知道，一辆简易的小车，一个平底锅台，新鲜的鱿鱼串浸在火热的油中发出热闹的刺刺声，快速起锅后刷上一层酱料，又香又嫩……只是吃的时候会滴油，同学们大快朵颐的时候可要注意哦。

3.绿豆饼。似乎做绿豆饼的店面都很小，但做出来的绿豆饼确实非常好吃，外酥里嫩，且都是现做现卖。将热乎乎的饼捏在手指间，一口咬下去，除了很香很脆的皮外，就是依然散发着热气的绿豆味道……吃得人欲罢不能，明明已经很饱还是忍不住往嘴里塞。

4.腌黄瓜是我从小到大最爱吃的路边小吃之一。在公园门口经常可以看到泡在玻璃瓶中卖，汤汁乳白，酸甜可口，十分开胃。除了腌黄瓜，还卖有泡的萝卜、白菜、木瓜、梨子。走在炎热的大太阳底下，吃着酸甜的木瓜泡梨，精神也会变得很好哦。

5.烧豆腐。这道应该算是全国各地著名的街边小吃了吧。担子一挑，前面是烤盆，后面是豆腐，香味一路飘散。四四方方的豆腐块，表皮烤得焦黄，小刀往中间一划，一勺辣椒面塞进去，豆腐的香带着微微的腥，火红的辣椒刺激得舌尖发红，两三块钱保管吃个痛快。

女生的友情实在纠结，女生在一起，难免就会有对比，看到对方样样好，就会忌妒，腻多了又嫌烦。

两个人在网络上聊天的时候，难免对对方的相貌产生美好的遐想，虽然互相爱慕的两人可能不是那么在乎对方的相貌，但毕竟见面后会和幻想中的产生巨大的心理落差。

校外与社团

大学生，课外活动很重要

“在家做御宅族，在学校竟然还要宅宿舍？”好友常蕊在美好的周末河东狮吼，猛掀我的被子。

不要啊！美好的周末，亲爱的床！不要离我而去！

常蕊不顾我的哀号，拖着我往宿舍门外走，嘴巴里念念叨叨：“早上做运动，中午去参加志愿者活动；明天咱们就去参加‘三下乡’义务表演，你说好吧？”

大学生，课外活动很重要，大家可以选择性无视我刚才的挣扎。

体育运动

各大学都很注重招收运动员，这些学生入学后将加入大学的代表队参加各种体育比赛，许多运动员学生还可得到体育奖学金。即使不是运动员，作为一名体育积极分子或者是爱好者，也是非常重要的。这一项目还同学生的身体健康有着密切的关系。所以被各大学高度重视。

学生会工作

主要指参加学生会并担任各类学生活动的策划、组织和领导工作。这些工作能够锻炼学生的领导能力和管理才能，所以它不仅能反映学生的各项能力，也反映了学生在同伴中的重要地位。事实证明，许多后来的领袖人物，在学生时代都曾经是学生团体里的骨干。

社团部活动

大学各式各样的社团，不仅为学生提供了发展兴趣的空间，也提供了形成特长、养成独立思考能力、锻炼工作能力和培养应变能力的机会。这里可以说是学校的第二课堂。

社会公益活动

它是培养学生关爱他人、关心社会的良好品德的最佳途径。例如红十字会的义务工作、社会公益筹款或救助活动、贫困地区的支贫活动等等。大学是培养有知识、懂专业的年轻知识分子的地方，但更是培养一个懂道德、爱社会的好青年的场所，所以所有的大学都很重视这一项。

艺术表演活动

即音乐、戏剧、舞蹈等艺术表演活动。每个大学都有各自的文艺团体，有特殊艺术才能的考生会受大学欢迎。其实即使达不到较高的水准，它也会调节学生的文化生活和学校的氛围，同时也对培养学生的情操和性格的形成起一定作用。

工作经历

学生利用节假日、假期参加的各种工作，它是锻炼学生走入社会的最直接的方法。通过实际工作，学生会得到许多在家庭、在学校，甚至在社会公益活动中所得不到的经验。

不要跟团，大学生要做背包客

上个月，几个大一学生向社团部申请成立背包社团，创社目的就是为了向全校学生宣传“背包客”。这些同学年纪虽小，但在背包客中已经算是老前辈了！

背包客来自于英语Backpacker，意思是做长途旅行的人，在中国背包客们自称“驴友”。背包客最先从国外发展而来，如今在中国，青少年已经成为了背包客的主力军。

如今大学生出游，更乐于选择“背包”方式，而不是跟随旅游团，这和大学生的特征有着紧密的联系。

首先是大学生的经济基础和追求新奇、冒险、挑战的心理特征，正好符合背包族们“用最少的钱，走最远的路，看别人看不到的风景”的作风。不同于其他的旅行方式，背包客全程都是自助，“忍受、感受、享受”成为始终贯穿旅程的线索。忍受是因为全程路线都是自己安排，盘算着如何用最少的钱到达下一站；如果银子不够花了，还要想办法筹钱，如果筹不到钱可能要露宿野外，喝凉水啃饼干；有时没准还会被当地人当做冤大头狠宰一通。但无论好的还是坏的，在忍受的同时，还要学会感受。只有感受了才会思考，现在的人们很强调一种所谓的“感受力”，即对色彩、文章、美丽……的感受力。一个人对事物的感受力强弱，决定了他对这个世界的看法。所以，背包客的旅程，其实就在潜移默化地培养一种感受力，对自然风景、人文习俗……对旅途上一切所见所闻的感受。在感受思考之后，才能学会享受，享受旅途的一切酸甜苦辣，享受与各种类型的人交流，享受各种文化带来的冲击。

我觉得，背包客之所以受到绝大多数大学生的欢迎，还有一个因素就是“未知和不确定”。人们总是对未知的事物抱有强烈的好奇心，尤其对大学生而言，这些不确定因素，恰恰可以培养大学生们的反应能力，激发他们挑战、征服的欲望。

如今网上有很多关于背包客的资料，很多大学生都在网上晒自己的旅游心得和一些注意事项，这些东西都值得一看。建议是，希望大学生们在确定好大致的行程之后，再决定自己需要的工具，如果要登山、探险的话，一定要携带全球定位系统。

大学生要广博，农村文化知多少

咱们班好多同学来自农村，天南地北的农村，在风俗方面有什么区别呢？大学生要广博，农村文化也要一并通杀！

生育是农村文化中十分重要的一个部分。在黄土高原的晋西北地区，生男孩要在门上贴一对红色剪纸葫芦，生女孩则要贴一对梅花剪纸;而在东北满族，生女孩挂红布条，生男孩挂弓箭。

在山西晋南一带的农村，流行一种开锁仪式。孩子满12岁的时候，把脐带扔到野外的树上，挂在高处，意味着孩子未来前程远大。

在城市，尤其是80后、90后的年轻人更倾向于国外的婚礼形式。尖顶教堂，白色婚纱，似乎成了一种特定模式，而中国传统的婚礼习俗，几乎在大城市绝迹。但是在如今的中国农村，依然保持着这种传统文化习俗：婚礼前有“三书六礼”；结婚时，女方要将发型梳成成年妇人型，戴上红色盖头；上下轿子时，要撒谷豆、铺红毡、跨马鞍，以求辟邪免灾，日子安稳；进门之后，还要举行拜堂仪式，牵同心结进入洞房，然后唱着撒帐歌。

关于中国农村的丧葬习俗，一般都信奉“入土为安”，但在一些藏族地区，主要流行独特的天葬。其方式是人死后停尸数日，然后送到天葬坊，由天葬师肢解尸体后，让老鹰吞食，以示灵魂升天，并以食净为吉祥。

不同于亲人去世后的悲伤，在傣族村寨中，一个老人如果是自然死去，就被称为喜葬，要高兴而不是痛哭，村民们则会在尸体旁跳舞唱歌。

大学生冒险体验好疯狂

刺激冒险，玩的就是心跳。一如往日的平淡令人抓狂，咱90后最爱祖国河山！

玩漂流。假期的时候，登山社的社长尹素和社团里的几个同学一起去旅游，最后的一个旅游项目是漂流。一连下了几天暴雨，水流湍急，原本不打算发船，但一起的大多都是男生，而整个行程最期待的就是漂流了，于是在同学们的强烈要求下，景点同意了让会游泳的男生下水，还签了生死状。

刚开始的一百多米，水面都很平静，同学们玩得很高兴，还拿出相机拍了一些照片。没想到刚刚转过第一个弯，突然出现了落差，水流顿时变得湍急，途中暗礁遍布。从来没有经历过如此阵仗的同学们吓傻了，干脆丢掉划桨，死死地抓住皮艇，这让尹素和成员们真正体验到了什么是恐惧。皮艇在水流中冲来冲去，不断地被浪抛起，又不断地跳过陷坑，而且皮艇上的同学们也被岩石撞得头晕眼花。整个过程险象环生，幸好半途中遇到了救生员。一个多小时的漂流，就这样只用了二十多分钟就冲到了终点。

由此看来，在漂流过程中安全问题很重要，现在就给大家介绍一下在漂流中应该注意的事项。下水前一定穿好救生衣，将衣襟带子及腰带全部扎紧扎牢，因为一旦翻船这衣服可是绝对救生的。

选择船时，一定要注意船的充气量是否充足。充气量不足的船划起来特别累，并且弹力也差，经过某些地方时比充气量足的船容易翻。

在选好船后，不要急于离开。在平缓一段时间后再离开，注意观察船是否缓慢漏气。在漂流过程中也要注意留心船体是否被利石刮蹭。一旦发现或者对船的现状有疑义，立刻与领队或者护漂员反映，然后靠近可停留的岸边。

漂流过程中，船身尽量保持顺着水流方向行驶，尤其是在浪大流急的地方，更要随时调整船身的方向，这样才不容易搁浅和翻船。

河中漂流，翻船不足为奇，基本都属于操作不当的原因，落水后也不要慌张，只要救生衣穿好系紧就不会有生命危险。

野外遇象。亚洲野象是我国一级保护动物，全中国有三百多头，多集中在西双版纳地区。不久前，同班小叶和朋友们趁假期到西双版纳自助旅游，在途经勐养的时候，一群野象突然从路两旁的树林里面冲出来。那时他们坐的是摩托车，当地司机吓了一大跳。小叶他们是第一次见到野象，就忍不住拿起相机拍了几张，离得最近的野象突然野性大发，冲着他们跑了过来。幸好摩托车车速快，大象追了几步之后就退了回去，尾随的象群也缓缓离开了。但小叶和朋友们可是吓了一身冷汗。当地人告诉他们，别以为大象真如电视里讲的那么温顺，其实野象的性格很暴躁，西双版纳每年都有野象伤人的事件发生。而且亚洲象智商极高，可以达到7岁~8岁儿童的水平。如果遇到的是独象，那就更恐怖了，因为它会静静地站在树林里面，等到人走近了，才发动攻击。

眼花缭乱，体验各地夜市生活

暑假的时候我去了一座热带风情浓郁的边疆城市旅游，在白天领略了热带雨林的神秘多彩之后，晚上就去了久负盛名的夜市逛逛，淘淘宝。夜市是主要在夜间做买卖的市场，主要经营各类服装、小吃、游戏产品、杂货等。在东南亚、南亚，以及中国的台湾香港等地，逛夜市是老百姓日常生活中的一部分。

夜幕低垂，江边晚风徐徐，和同学们到江边吃烧烤。用风味独特的南蜜，香料独特自然的烤鱼，放在椰子壳里烤出来的包烧……配上老挝的啤酒，有一种特别的风味。虽然微微苦涩的口味并不比国内的牌子好喝到哪里去，但听着酒吧里传来的少数民族歌手的吉他弹唱，吹着微热的晚风，竟会生出一种难以言喻的意境之美，连原本苦涩的啤酒都变得有味道起来。

吃完烧烤，在江边玩闹了一阵之后就乘车回到市里，赶赴另一处著名的夜市，这个夜市虽然专门为外地游客开设，但也有当地人来逛。天南地北那么多人聚集在一起，共同研究着玉石的成色；还有人身上背着大背篓，里面装的都是些琳琅满目的乐器，有的竟然从来都没见过，而卖乐器的人也不叫卖，只是吹着巴乌，悠悠然然地在人群中缓缓走过，看样子他似乎不是来做生意，而是来开演奏会的！

提到东南亚夜市，绝对不能错过桑仑夜市(Suan-LumNightBazaar)，它是目前曼谷最大的夜市，也被认为是全曼谷最佳的淘宝热点。这里每天下午三点开始营业，热热闹闹地持续到凌晨时分才结束。

露天美食广场，新鲜的热带水果、串串烧、泰式鱼蛋粉面和辛辣的冬阴功汤……应有尽有，不用太多的花费就可以“吃香的，喝辣的”！美食之下还有免费的歌舞相伴。高高搭建的舞台上上演着传统的泰国宫廷舞、民谣、重金属摇滚等，让游人在购物之际，还有地方可以休息享受。

夜市的摊位包罗万象，两旁的特色小店内部被店家装扮得古色古香，充满浓郁的东南亚风情。泰国的各种民间工艺品在这里都能找到：泰丝、棉织品、木雕、泰国娃娃、特色的泰国古典脸谱……

没进过社团的大学生活是悲催的！

不知不觉，我已经成为了“老”社员！

从刚进社团时的胆怯莽撞，到现在的如鱼得水，有过恐惧有过委屈，但更多的是充实和欢乐。新生入校，火热的社团招生便开始了！贴出招生海报，站在学校广场上派发传单！大学生们快来加入社团！

大学期间必做的几件事除了谈恋爱、兼职之外就是加入学生社团。比起教室宿舍，社团更像一个虚拟的小型社会。在这里几十个形色各异的社团，互相独立又互相支撑，为大学生的业余生活提供了广阔的平台。因为好奇，我刚进大学时入了很多社团，跆拳道社、神韵社、瑜伽社、动漫社……当然了，有点儿太多了，最后坚持下来并且还算有收获的就只有跆拳道社和广播站。

加入感兴趣的社团除了能发展自己的兴趣之外，还能结交到很多新朋友，对自己的人际关系协调能力、活动组织能力也有很大的帮助。社团活动除了组织平日的训练之外，还有系部、院部的各种活动，有时还要到外面的企事业单位拉赞助、邀请对方出席活动等。社团就像一个小型单位，在里面有领导、财务理事、技术理事、外联理事、宣传理事等职位，每年都会有换届选举，新进社员们可以参加竞选。在这种有益的竞争中，学生们可以尽情地展现自己，收获自信，收获友谊。

想要保持身材的女生可以参加瑜伽社、健美操社、热舞社之类的社团。同班好友明薤，大一加入了一直向往的瑜伽社。瑜伽社的指导老师是来自校外健身房的教练，在跟着学习了三个月的瑜伽课程之后，因为呼吸方式的改变，还有饮食上的调整，明薤感觉自己从内到外都像换了个人。之后她还参加了瑜伽师的培训，大二就拿到了初级瑜伽师证。

其实只要选择得当，社团也是一个发展技能的地方。

SOS！抢救危机社团

隔壁宿舍言言满怀期待加入校报社团，却发现社团活动无人参与，管理懒散，成员无心经营，社团经费举步维艰！于是她当仁不让地竞选了社长，言言要做超人！言言新官上任三把火，立马实施了改革。

其实言言在高中的时候也曾经在校报做过编辑。她从小就有做编辑的梦想，虽然没能学相关专业，但加入校报社，也算是实现梦想的另一种方式了。言言站在了一栋破平房前——里面有两张桌子，一台旧电脑……原社长带了她一段时间之后，飞快地将一切杂物交给了她。

对校报了解得越深入，言言越心寒。学院还有另外一个文学社。文学社美女众多，文字精美，出的月刊又厚又精良。而校报每月就出那么两期，报纸一翻开全部都是学院领导汇报工作，学生会看才怪！怪不得原社长甩手甩得那么干脆。为了重振校报，言言开始了对校报的新规划，她推出一系列新政：

第一，广纳意见，改版校报。校报之所以不得民心，有一个很重要的因素就是不够接近真实的校园生活，好好的大学生报纸搞得就是整天开会、汇报工作……言言在每个班级都派出了一位通讯员，每半个月提交一次向同学们征集的稿件；撰写校园通讯稿的人员裁减到两位；增设更多关于学生活动的版面。

第二，如何同文学社区别。言言发现之前的校报很喜欢刊登很多来自学生的抒情散文、短篇小说、诗歌……这些内容在文学社的月刊上都有，而且文笔比刊登在校报上的更加优美，引人入胜。报纸要有报纸的规则，言言引入了当下新闻中的热门事件，来自各个系的不同评论。在和记者站的人员沟通之后，对方同意向报社提供社团活动的新闻稿。

第三，争取曝光率。可以负责任地说，之前的社长果真没有丝毫责任心，社团活动基本不举办，经费就是用来期末的吃吃喝喝……在了解了此类问题后，言言特意在报社内选出了一个文艺队，由文艺队的成员负责社团晚会的节目编排，制作海报请柬，邀请学院老师和学生参加晚会，举办各种校外采风活动，并举办与此相对应的作文竞赛。

新政的推行，让校报社团风生水起，大大提高了社员的极积性，学期结束的时候被评为了明星社团。果然，事在人为！

我要做社团创始人！

王玲是个美女，标准的90后，已经参加过很多模特儿比赛。我肤浅，原以为做模特儿的就是空有一副好皮囊。唉，是我羡慕忌妒恨了，王玲这妞，人长得不错，身材够辣，重点是有智慧有勇气，刚进校就办起了我校第一支模特儿队。

王玲在高中的时候就经常参加各种大大小小的比赛，获得过省级的“十佳模特儿”称号。考上大学的她对社团很是期待，因为她知道很多学校都有模特儿队。

在浩浩荡荡的社团招新活动中，王玲失望了，没有模特儿队。同时她发现学校中也有很多想加入模特儿队的学生，在询问了学长之后，王玲决定成立一个模特儿队。

首先是招兵买马，王玲和班上另外几个女生精心设计了一幅时尚感强烈的海报，征集社员。王玲她们不是学校承认的社团，所以招新生的时候社团部并没有分配给她们场地和时间。

接着申报。招兵买马过后，王玲听从了老学员的建议，开始准备申请资料，在系部同意之后，又交到院部审核。

最后投票。王玲觉得自己的申请写得很好，而且她们的社团也符合相关的规章制度，审核通过应该没问题。谁知这一拖就是两个月。两个月之后她们才接到通知，模特儿队能否成立还要经过学院全部社团的投票。这么说，社团能否成立，还很悬。看着同学们已兴奋地训练了一个月，王玲下定了决心，一定要通过。为了让其他社团能更深入地了解模特儿队，王玲以班级的名义申请了小礼堂用地，举办了一场小型的服装设计比赛，王玲向其他社团派发了请柬。参赛队的服装都是班级女生和社团女生共同努力的成果。比赛过后不久，就到了投票的日子，王玲当天才发现，共有六个申请的社团，但是没有哪个新社团像她们一样积极主动。所以，投票的结果，模特儿队以最高的票数通过。

生活与自立

生活费提前花光，口袋空空过不下去

刚入学，花起钱来就大手大脚。辅导员诉苦，很多学生在月中的时候就会跟他借钱，但并不是因为学生没带够钱，而是因为花钱没有规划，提前花光了生活费……

周恒是家里的独生子，去年刚入学，父母给了他5000元作为第一个学期的生活费。可没想到才一个多月，他就把生活费花了个精光。原来小周到校不久就换了个2000多元的彩屏手机，平时又常和同学聚会吃饭唱歌，不知不觉中钱就花光了。

大学生活对新生而言不仅仅意味着学习，还有独立生活。在进入大学校门之前，不敢相信自己竟然真的能拥有一笔独立的金钱。远离家庭远离父母，和好朋友随心所欲地走在大街上，看着橱窗在迷离的夜色中溢出五光十色的光彩，还有最新上市的彩妆……购买的欲望如同脱缰野马，再加上售货员舌绽莲花，似乎你现在不买的话以后就再也没有机会，而且……你确实觉得这个东西很适合自己。

每当拎着大包小包的袋子回到宿舍时，那种充实感简直难以言喻！但是很快，也许只用了几天或者一个星期，一个月的生活费就提前花光了。这下你只能节衣缩食，甚至是厚着脸皮向同学借。借钱是一个不好的习惯，因为它总是让人活在患得患失不安稳的心理状态中，并且借钱如果变成了习惯，也会降低你在他人眼中的形象。

女生主要把钱花在了购物上，而男生则主要把钱花在追女朋友和交际上，陪女朋友吃饭逛街，给女生买生日礼物，情人节送女朋友昂贵的巧克力，三八妇女节也得有所表示，五一节怎么说也得带着她到附近的旅游景点逛逛吧……反正卡里面有钱，就先用着。可没想到不知不觉中，一两千块钱就这么糊里糊涂地用光了。

天哪！谁来拯救我们的钱包？

不少教育界专家认为，新生在入学前不仅要作好迎接大学生活的心理和知识准备，还应学好理财这一课。进入大学之后，第一次面对全新的环境独立的生活，每月的花销全要自己掌握，刚开始，大学生在钱的使用上往往会控制不住自己。

一些大学的学生处老师都认为，各高校应面向大学新生有针对性地开展消费道德及理财教育，让大学生明白父母挣钱不易，应当合理、适度地消费，使他们认识消费并且形成科学、正确的消费观。

大学生无规划，总买一些无用的

“再买衣服我就是猪！”

“我再也不买了！再也不买了！再也不买了……”

事实证明，相信她们再也不买衣服的我才是八戒……

大学生为什么总买一些没用的商品？原因如下：

自卑感作祟。掏钱购物之前应该审视一下自己的消费动机：我真的需要这个东西吗？或者是曾经的自卑感在作祟？

相信很多大学生，尤其是女生小时候都有这样的遭遇：想买的那件裙子大人无论如何都不同意；或者是曾经看见过某个女人穿着一双漂亮的鞋子，那璀璨的光彩，细细的绑带，令当时还只是小女生的你瞬间倾心……

作为大学生，出门在外，自己掌握着用度，没有父母的唠叨管制，曾经压抑在身体里十多年的欲望倾然而出。当你骄傲地宣称着："我今天买了三双凉鞋"的时候，心里是什么感觉呢？我无法理解，但本质应该是自卑感，被操控的感觉，被橱窗里的服装鞋子操控着，被售货员脸上讥讽的表情支配着。

没有正确的规划。很多学生逛街买东西之前都不会有什么规划，也不会想想自己要买什么。通常情况就是和一大堆朋友一起出去，见到喜欢的流行的就买，大到换一部手机，小到超市里的几条口香糖。同学们在出去购物的时候，一定要列好物品清单，并算好大致的花费，不要带太多的钱出门。孤身一人在外生活，多看一些有关理财的书，控制自己的欲望。

如果实在想随心所欲，不妨自己掌握一下挣钱的手艺吧，兼职赚钱。这样的钱花起来自在、自信、自豪。

大学生消费：要规划，别乱花

咱们宿舍的姐妹们终于决定要摆脱乱花钱的坏习惯，话虽这么说，但是一出门，看到漂亮便宜的东西，又忍不住手痒……看来控制花钱，也要有方法。

理性消费。理性，就是在买东西的时候多些理性，少些感性。买东西的时候如何理性呢？别太在乎售货员小姐的推荐，别太在意推销人员的套近乎，要切记，他们都只是为了让你购买商品。理性，就是买东西只买自己当下需要的；也别看别人刷卡的动作很潇洒，那刷的都是真金白银，因此在摆阔前先掂量掂量自己的钱包。

适度消费。做任何事情都要有个度，花钱之前先考量一下家庭的收入水平，再合理地规划每月的生活费，该花的钱要花，追求奢侈就应该拒绝。比如有的女生每个月的生活费就是800，可非要去买高级化妆品高级服装，这就大大超出了预算。适度消费同时也意味着不盲目浪费，小到去餐馆点餐，别只顾着面子点一大堆食物，要根据个人的情况，吃多少就点多少；大到追求流行，别人说现在流行玩什么用什么，于是自己哪怕刷爆卡也要买，这种不计后果的流行是盲目的，也是不可取的。

拒绝超前消费。超前消费是指脱离自己收入水平和收入能力的消费行为，它以追求享乐为目的，以消费高品牌、高档次的商品为特点。这很容易造成大学生群体之中的盲目攀比，并间接导致大学生的诚信危机。与其超前消费，不如学会量入为出。

别充阔佬。钱包里不要带大面值的钞票，一群人出去玩的时候，不要为了面子争着付钱。

别用信用卡。持卡消费者的购买欲望比现金消费者的购买欲望要高出十个百分点，而且，还没有赚钱能力的大学生为什么要用信用卡呢?

拒绝推销员。不管是在商场还是大街上，随处都可见口齿伶俐笑容满面的推销员，他们最终的目的就是要打开你的钱包。因此，大学生要学会拒绝推销员，不要为你的钱包制造可乘之机。

购物要有目的。将要买的东西列出一张清单，不要在无聊的时候去逛超市，因为你会无意识地买很多之后会后悔的商品。

贫客怎么玩?

目前，国内最流行的书就是《贫客怎么玩》，贫客也成为了年度最炙手可热的流行热词，而那本书就是出自我们的学长西邪之手。下面，我们就看学长怎么说。

记得那时青春正年少，上课、抢饭、翘课，打各式各样的工，给烤鸭店刷盘子，给肯德基炸薯条，给小毛头补课，问他有没有喜欢的小妹妹。碰到一个单眼皮的好看男生，一起看过电影，吃过西瓜，花光身上所有的铜板，拉着手在烤肉摊子面前贩卖口水。吃过风靡整个城市的刘氏大嘴巴，黄灿灿的玉米豆子在搅锅里被烘烤，拌着糖，疼痛伴着甜蜜，盛开与青春有关的日子。

如果你偏要没事找抽，为了俩臭钱把自己弄得扭曲，我就不妨泼泼你的冷水。挣钱买好烟，挣钱泡妞钓凯子，挣钱打台球，挣钱装孙子，挣钱卖心眼儿，挣钱伤和气，挣钱伤面子，挣钱伤自尊，更有甚者挣钱卖贞操……何必呢？有吃、有喝、有花就青春小康了，每月划拉万金怎么样？拼死买个车子怎么样？挎个漂亮妞儿帅气小伙儿怎么样？地铁旁边有个窝怎么样？年纪轻轻的你玩儿什么呀？你拉得下面儿蹲马路牙子抽烟看大妞吗？你拉得下面儿搓小饭馆吗？你知道挎着的大妞小弟是几手的吗？俗语说：不喜欢帅哥是瞎掰，不喜欢美女是玻璃，不喜欢钱的是傻瓜。不过钱是什么，钱是孙子，这孙子不是知识，不是健康，不是快感，这孙子没内容支撑，但凡我们翘辫子，它就不是个什么东西。

活着其实特简单。该干吗时干吗去，幸福是动力，舒心是道理，别让自己白遭罪。与青春有关的日子嘛，当然就是用来荒废的，没钱怎么玩儿？没钱怎么就不能玩儿？

各位贫客朋友，找到组织了吧？

给力的校园节约术

出门在外什么都要花钱，对享有“星光公主”美誉的我社成员来说，节约已经是势在必行。生活是精打细算出来的，节约不仅仅可以杜绝浪费的坏习惯，也可以让我们了解到细微之处的快乐。

必买不可的书籍，可以去学校附近的旧书店买或者向学长购买。

上了大学有很多必买不可的书籍，甚至还要买原文书，价格更贵。在很多学校附近都会有旧书店，里面一般都有以前学生的学习用书，但是价格却便宜了一半，除此之外学生们还可以向快要离校的师哥师姐们购买。如果必须购买原文书，还可以上网，一般专业性的购书网站都会有旧书，比如亚马逊、卓越、当当、京东等。不过教科书基本上每年都有改动，所以买旧书的学生们要注意更改，记笔记。

相关书籍可以从网上下载。

书籍是大学生们的精神食粮，除了与课程相关的书籍之外，还有很多休闲书籍也是必不可少的。同学们可以从网上下载，不过有版权保护的小说可能要付钱，但也很便宜，一大本书读下来差不多只要几块钱。

去食堂帮忙可以包三餐。

民以食为天。伙食费在生活费中占着绝对的比例，现在很多食堂都招学生工，工作量也不是很大，就是在打饭的时候帮忙打一下饭菜，之后帮忙做一下清洁工作。虽然每天的工资没有多少，但关键在于占用时间少，而且包一日三餐。

生活节省小常识。

一大罐的洗发膏买回来后，用一个小瓶子，倒入一半的洗发膏，再加入水，摇匀，可以节省洗发膏。因为洗发膏的浓度其实很高，平常倒出来用的时候都不能直接抹在头发上，要兑一点水。所以这样做的话不仅可以节省，对保护自己的头发也很有帮助。

到批发市场购买日常用品。每个城市不论大小都有批发市场，去批发市场买生活用品学习文具，甚至女生的首饰，都会便宜不少钱。

晚上八点以后再去商场。很多商场一般晚上八点以后有很多食品、水果打折，价钱可能连平常的一半都不到，非常划算。

购物前列好清单。

很多大学生在去商场购物的时候都会遇到这样的情况，本来已经买够了东西，可是路过一些货物架的时候还是会忍不住伸手抓几条口香糖、饮料，或者是一些可爱的小玩意儿。在买的时候也不觉得有多贵，反正才几块钱，但是结账之后往往后悔莫及。所以购物之前一定要列好清单，并且算好大概要花多少钱，不要多带钱。

做情人，或者选择结束？这需要作出一个决断。成熟人的思维方式永远先进，永远理智，吃不了一点亏。当爱情变成一场赌博一种交易，还有没有坚持的必要？

真正的爱情，无关职业，无关年龄，无关一切的艰深晦涩，甚至无关性别，仅仅是因为单纯而存在。

穷学生恋爱物语，面包玫瑰两者兼得

就算世界很无奈，我们也要谈恋爱。

恋爱是大学生的必修课，相信每个人都有过憧憬。但是咱们穷学生没有钱，怎么谈恋爱？

其实只要会生活，哪怕节省的爱情也会充满罗曼蒂克的氛围哦！

看电影买打折的票。约会看电影是恋人们的必经过程，星期二全天电影半价，周末早场电影只要10元钱哦。

两人点一份套餐。情人节、“七夕”节、生日……总有一次要带着女朋友吃一顿晚餐，这个时候两人可以点一份套餐。因为其实这种套餐量都会很多，一般一个人一份吃不完，而且有的人又不好意思打包。所以与其点一大堆吃不完，还不如量力而行。而且情侣点一份套餐，也会很甜蜜哦。

女生打扮。女生爱美是正常现象，但是爱美也要量力而行，并且懂技巧。会花钱的女学生，哪怕是十几块的衣服，也可以穿出流行的味道。前面已经介绍过，女生的很多饰品其实在批发市场都可以买到，而且价格可能是精品店的三分之一。很多市场里都会有人经常去摆地摊大甩卖，虽然很多衣服看着都过时了，而且都是属于妈妈级的款式，但只要用心去淘，总会淘到好东西。家庭环境不怎么好但是会生活的女生一般对衣服的修改都很有心得，比如那种妈妈款式的衬衣，买来后只要把上面花里胡哨的塑料水钻弄掉，然后自己用针线将宽大的两侧腰身收细，就可以美美地穿着招摇过市。如果觉得不够流行，还可以从批发市场买来黑色的蕾丝带子，然后绕着衣服下摆缝一圈，就会呈现出甜美可爱风。

生日礼物DIY。

并非所有的女生都喜欢浪漫鲜花烛光晚餐，如果男友能亲手制作生日礼物，效果一定非同凡响。比如可以买一本封面漂亮的笔记本，然后将两人的相片剪成可爱的形状贴在上面，旁边配上可爱温馨的文字。一份可以储存的青春记忆是不是比一顿高级烛光晚餐更加划算呢？

冤枉啊，青天大老爷我的钱花得冤枉啊！

网购，用正品的钱买到了山寨的货。到实体店买商品，月前和月后的价格差别大得令我肉痛……不仅仅是我，咱们宿舍的姐妹们无一例外都花过冤枉钱。

怎样才能不花冤枉钱？郁闷啊！

山寨商品。同班同学喜欢打篮球，虽然经常上网，但没有网购的习惯，后来他们班每个人都办了一张校园淘宝卡。因为好奇，孙林进了一家淘宝店，在那家淘宝店里孙林看到了一双自己梦寐以求的篮球鞋。因为实体店的价格非常贵，所以孙林一直都舍不得买，而现在网上的这双价格要比实体店的低两百元左右。孙林简单地看了一下货物图片还有货物描述，然后就拍下了。四五天后货物到，孙林满心欢喜地打开，却发现那双鞋子明显是仿冒品，而且仿冒得一点技术含量都没有，连最基本的球鞋的质量都没达到！而且更悲催的是，只穿了两三次之后鞋底就开胶了。孙林上网找卖家质问，卖家却含糊其辞，孙林要求退货，卖家态度也很嚣张：退啊可以，但是往来的邮费亲要承担哦！孙林无奈，只能给了卖家一个差评。如今的网上购物存在着很多弊端，而且很多买家都只能哑巴吃黄连，所以学生们在网购的时候最好去旗舰店，或者干脆去实体店。

月前月后价格两重天。咱社团成员遥遥，一个月前到一家名牌店买了一双鞋子，当时的价格是三百五十元。可过了一个月后，当遥遥逛街再路过那家店时，发现橱窗上贴着部分货物三折的招牌，遥遥进去后发现自己的鞋子在一个月之后竟然只卖一百五！看着同样的鞋子，价格却差了两百元，遥遥真是心如刀割。其实像这些服装鞋子之类的，都会过季降价。所以学生们如果想省钱的话就牢牢地捂紧钱包，坚决抵制诱惑，一般三个月后就会过季处理大甩卖，价格只是两三个月前的一半。类似的情况还有会员卡的使用，很多学生在办理了化妆品店、书店、药店的会员卡后基本上都会忘了。但其实，一般这种店在周末的时候都会有八点五折或者九折优惠，持有会员卡或者优惠卡的学生可以把要买的书和化妆品、药品列一个清单，然后在周末的时候去买。

售货员的态度太伤人。很多学生去商场或者专柜购物时差不多都会遇到这样的售货员：首先会很殷勤地向你介绍商品，在见你没有要买的意思后殷勤的态度立刻转变，眼神里透露着鄙夷。之后你会觉得自尊心受伤，毫不理智地将那款商品买下来。无论有多贵，你只是想争一口气。这其实也是一种销售策略，遇到这种售货员的时候大家选择无视就好了，千万不要真的生气。她凭什么看不起你，她难道也买得起吗？

她要的爱情，不过如此

某位前辈要结婚了！

当然，和我们无关……

前辈结婚之前特意回了一趟学校，漫无目的地走走停停，害得我们以为是校外混进来的怪叔叔。

和前辈聊了一会儿天，他看着我们，感叹地说道："一身疲惫地蓦然回首，回望当年校园爱情里的点点滴滴，才突然发现，原来我们要的爱情，不过如此。"

情人节送玫瑰，只有一枝，是塑料的，卡片上写着"Iloveyouuntiltheplastic onedies"。

两个人学生时期的情人节，没有精美的大蛋糕，也没有昂贵的礼物，连玫瑰花都是塑料的，卡片上的语句让人哭笑不得，却莫名其妙地感动。

有次脚受伤了，他背我回家。

最老土的桥段，却总是最容易俘获女生们的芳心。他的疼惜和爱恋，不再仅仅通过语言来表达，他小心翼翼地背着你，就好像背着那段校园岁月中最纯真的青春。

在他的生日到来的前一天，亲手做了一个巧克力蛋糕送他。

为他织手套，为他织围巾，在生日的时候送上一个亲手制作的巧克力蛋糕。也许做得很丑，也许难以下咽，但看着他眉头不皱地将蛋糕吃掉，那种终于为他做了一件事的心情，你现在还有吗？

和某人并排躺在校园的草地上看流星雨，简直像做梦一样。

那一年，碰到百年一遇的流星雨。躺在校园的草地上，听着其他人大呼小叫，看着那些壮观的流星雨使整个天空灿烂了起来，突然间失去了说话的欲望，没有什么词语能表达对宇宙造化的赞叹，正如没有什么语言能够描述和你在一起时激动不安的心情。

记得两人还在暧昧的时候整天不断地发短信。坐在教室里，明明只隔着一排，却还是喜欢用这种方式。明明知道那些烦琐的语句，没有什么意义，但诸如什么“吃饭了吗”“吃了什么”“睡醒了吗”“今天去逛街怎么样”……却总是要通过那些方块字，一个一个地按下，那样的点点滴滴，一言两语，但可道尽关切与挂念。

我生日的时候，一起坐摩天轮，并在那里有了初吻。

一直都很喜欢摩天轮，只是不知道为什么。后来生日的时候，你带我去坐摩天轮，看着窗外远远离开的风景，高空之上，只有我们两人。没有什么再比这个浪漫了。身体，还有情绪，随着摩天轮的运动缓缓上升又缓缓落下，如同恋人们患得患失的心情，然后你吻了我。在象征着天真、浪漫的摩天轮上，嘴唇单纯地互碰，那种纯净的感觉，至今难以忘怀。

天下无不是的父母，沟通要有战略

《红楼梦》中的《好了歌》唱道：“痴心父母古来多，孝顺儿孙谁见了？”

不管对父母有多大的怨言，每当念到这句话，总是会有淡淡的心酸。天下无不是的父母，更多的时候我们缺少的并不是爱，而是了解。

离校前夕，学姐阿兰面临着两难选择，要么回老家考公务员结婚生子，要么出国继续深造。当然，后者是她自己的想法。几次通过电话或者视频同父母沟通，都一直小心翼翼地压抑着心中的念头不敢轻易地说出口。

轻易就索要的东西，越发会轻易失去。

阿兰是独生女，家中老人都难免宠溺，向来是要什么就有什么，父母和老一辈一个唱红脸一个唱白脸。以前被老人宠惯了，跟父母提出要求的时候，父母都不会先表态。他们都是理智得过分的大人，丝毫不懂小孩子对新奇事物的那种好奇、渴望，哭哭啼啼对他们根本不起作用，相反只会坚定他们反对的决心。

尽管仍然是学生身份，却也是二十好几的成年人了。想想人家外国的孩子十八岁就独立，钱什么的都是自己赚，实在缺了就问父母借，还要打欠条。唯一与外人不同的是，父母不向孩子收利息。

天下父母都不容易，尤其是中国的父母大多没有那些外国潮妈辣爸们的洒脱自由。出国留学这件事比不得买台电脑置部手机，对父母来说买那些东西只是把钱花出去，出国却是把孩子给送出去，送到一个自己从未踏足过的陌生国度。平常想念了，只能开着视频，隔着千里万里的山水远远望着。大人都担心国外的社会治安，生怕孩子也被牵扯进去……所以，别整天埋怨父母不懂你，相反，恰恰父母是最懂你的。但他们最懂的最了解的，是你心中一直不愿意承认的，最脆弱的部分。

为了第一次就完全说服父母，考完试阿兰将全部精力都投入在了制作PPT上，这种大事光用嘴是说不清楚的，搞不好还会弄砸了。首先是留学地和学校的情况，地理位置、气候、语言、汇率、交通、治安，其次就是费用问题，还有留学的生涯规划，事无巨细。

放假回家，阿兰没有献宝似的迫不及待地同父母讲留学。而是给父母还有亲戚们带了礼物，欢欢喜喜过了年，陪着父母走亲访友，在这期间偶尔也会透露些关于留学的想法，但每次都适可而止。说句不敬的话，父母都多大年纪了，看人那眼神比孙悟空的火眼金睛还透彻，先让父母心里有个准备。说服父母是一场持久战，考验的不仅是双方的心理能力，还有智慧。

双方心里有底，都有准备了，到真正“交锋”的时候，对谁都公平，无论最后谁接受了谁的意见。

父母误解，在外上学好辛苦

小喜和roger是我的高中同学，高考一结束，两人想都没有想立刻投入资本主义社会的怀抱中。原以为两人的大学生活一定像欧美电视剧中那样时尚轻松，两人却在MSN上朝我大吐苦水！听着两人的咆哮，我终于心理平衡了……

如今很多父母更愿意将孩子送到外国学习，让孩子接触更多的文化。很多学生也以为出了国就万事OK，以为国外的学习肯定轻松悠闲。其实只有出了国的学生才了解在外上学的辛苦啊！

首先说考试评分标准，国外的考试评分标准跟国内的不一样。在国外的一学期中，每门课程都有三次到四次测验，最后还有期末测验。每门课的分数不仅包括学期末的考试成绩，也包括平时的小测验成绩和出勤率，其他得分由不同的老师来定。不像国内，一学期一次考试，考前突击一下就行了。

然后就是口语交流方面，很多学生在国内学的是哑巴英语，口语不是很好。在国内的时候，学校教的侧重在语法和单词，而更重要的口语和听力却被忽视了。因此，到了国外，不得不重新学习口语。

还有就是论文。在学校写论文前要读很多文献，老师会推荐书目。所以作业一旦布置下来，大家都拥向图书馆，主要的参考书都是抢手货。国外的教科书一般都在100英镑左右，买的话很贵，负担不起。当然，看电子版也是不错的选择，于是整天趴在电脑上看，几篇文献看下来，眼睛又酸又痛。

而且留学并不是一味地学习，人际交往、生活自理能力都是必修课。在国外买熟食很贵，为了节省开支，许多学生都是自己做饭。在加拿大留学的小喜看到鸡肉便宜，就做鸡肉炒面。如果时间充裕的话，就做饺子。剁菜、拌馅儿都能一手搞定，再用啤酒瓶擀皮，包下一百多个饺子款待老师和同学。

出国留学，看似光鲜，其实伴随着辛酸。

爸妈说不行，你管我爱谁！

爱情爱情，又是爱情！没办法啊，咱90后天生寂寞，为爱而生，君不见各家卫视各种偶像剧的超高收视率。当咱90后的爱情不再只是自娱自乐，当情侣遭遇家长……

我爱上了同学，爸妈说不行。

"你看看你交的什么男朋友？你看看他的头发，男孩子怎么能把头发染成那个样子，还穿耳洞？还留长发？不男不女！"

"他是学艺术的！这叫个性！"

"不行，绝对不行！"

我爱上了熟男，爸妈说不行。

小里是咱校互动社的副社长，张唯大小里十五岁，两人是在一次捐助活动上认识的。张唯是个典型的四海为家的男人，在深圳有一家公司，但他很少去公司打理事务，一年之中基本上有一半的时间是在外旅行。张唯去过很多地方，中国几乎全都走遍了，而欧洲、北美洲、南美洲、大洋洲、非洲的很多国家也都留下过他的足迹。小里发自内心地崇拜这个潇洒的男人，而张唯也喜欢小里的清纯可爱，暑假两人还相约去泰国旅游。在异国的浪漫情调中，小里和张唯的关系一日千里。寒假的时候小里带张唯去她家见父母，在聊过一段时间后，小里的父母从心底不待见这个男人。按照他们的说法，张唯这个人虽然事业有成，但两人不适合，首先是年龄上差距太大，还有重点是张唯的性子太野，不适合小里。

我爱上丑男，爸妈不同意。

学姐子绫大三的时候和学校的师兄谈恋爱，师兄如今已有车有房，人虽然长得丑了点，但是为人风趣幽默，颇招人喜欢，子绫和他在一起时总是有讲不完的话题。不管是遇到哪方面的难题，子绫都会向他倾诉。在相恋了两年之后，子绫决定正式将他介绍给家人，师兄为了取得初次见面的好印象也是煞费苦心，好好打扮了一番。

终于，双方见面了，从饭桌上沉重的氛围里，子绫就大概知道了父母的意思：他们不喜欢这个“油嘴滑舌”“面相丑陋”的“未来女婿”。

其实，无论孩子带回家的是谁，父母永远秉持着不同意的态度。孩子在父母心中永远是那个不成熟不懂事的小孩子，在他们权威的意识中，孩子的终身大事理应是通过他们来决定的。在孩子已经长大，并且将要面临婚姻大事的时候，父母其实想得比孩子更早，应该说他们的潜意识里已经对未来的女婿或者儿媳有了一个大概的想象，而那些想象不外乎都是些完美的形容词。可如今90后的审美观爱情观，和老一辈的家长远远地隔着一条鸿沟，就比如大人不能理解一个小姑娘为什么喜欢老男人。

无论怎样，为了自己的幸福，90后都要拿出自己的决心来。

而作为父母，不喜欢的话就淡漠好了。自古以来的爱情总是这样：越阻挠越坚固。

我是成年人，父母却总是反对我

郁闷郁闷！社团朋友们又在网上冲着我的对话框咆哮：“为什么父母总是要管我？为什么我要做什么都不行？为什么我必须剪那么难看的头发……”

假期想和同学去外地旅游，父母却坚决反对。

小时候和同学偷偷跑去爬山，回来之后被爸妈狠狠揍了一顿；高中时候同学过生日在KTV请客，不小心在外面疯了一整晚，结果第二天回去，除了被骂到狗血淋头之外，还被罚跪……泪奔啊！原以为上了大学就自由了，没想到连和朋友去旅游都不准！

这位同学，姐想告诉你，古语有云：“儿行千里母担忧。”虽然我们成年了，但在父母眼中，我们永远是那个没头脑没本事的小屁孩。因此在旅游之前，要先和父母报告，说清楚路线及其准备事项。并且在告诉父母之前，就先要想到父母的担忧之处，设身处地地为父母考虑，打消父母的不安。

穿自己喜欢的衣服，父母说我没品位，不准！

从小到大的穿着都是父母一手置办，老土的样式。所以每次都盼望能赶快穿破，可没想到那么难看的衣服鞋子，质量却好到令人咬牙切齿！上了大学，父母还在对服装指手画脚：“那件太露，那件太成熟，那件太宽大，那件太紧了……哎，你们现在的孩子真是没品位啊！”

这位学妹，你要明白，父母和我们毕竟不是同时代的人，他们的穿着打扮、言行举止，甚至思想都受到那个时代的影响，所以无法理解当下怪力乱神的流行是很正常的事。但父母的建议未必没有道理，而我们更注重服装的设计、色彩，家长更注重服装的质地是否精良。但归根结底，家长还是为了我们好。

去打工，父母说我笨，不行。

上了大学，渴望着传说中的自立。看着身边的同学各个出去打工，赚生活费，一向习惯了饭来张口衣来伸手的独生子们豪情满志地准备去打工。父母得知后，一脸淡然：“打什么工？被人卖了还帮着数钱……”一瓢冷水从头浇下。

在此，姐要鼓励所有学弟学妹们，父母认为我们笨，就一定有什么在他们眼中看来是笨的表现。所以与其因为父母的一两句话就灰心丧气，不如脚踏实地地做一番，哪怕是端盘子也好，也要给他们看看，即使我很笨，也能自立了。

唠叨复唠叨，唠叨何时休

“都几点了，你怎么还不睡觉？”“你到底有没有在听我说话？”“你到底有没有在好好读书？”……每次假期回家或者打电话，总是听到父母这样不厌其烦地念叨着，十几二十遍从来不觉得烦可我快要疯了！

我们知道父母习惯了为子女安排一切，小到安排子女的饮食起居，大到安排子女的前途未来。子女是父母生命的延续，所以父母理所当然地关心照顾，事无巨细。他们本意是为了孩子好，却换来子女的不耐烦。子女不高兴，父母难过……父母到底为什么那么唠叨呢？

相信咱们同学都有这样的感受，一大早父母就在不断地敲门掀被，不断地催促你起床穿衣洗漱吃早餐，从七点钟到九点钟，一边掀被一边碎碎念。还有只要是离家去学校，妈妈不仅前一晚会检查你的行李，甚至当天早上都会检查，简直烦不胜烦。当看见你的行李里面偷偷塞了几本漫画杂志和几件稍微性感的衣服，就会开始皱着眉头碎碎念：“你是上学还是看漫画去？这些东西就不要带了吗，多重啊！”“还有这种衣服我不是告诉你别穿了吗，你真是没有一点儿欣赏水平，这种衣服穿出去会被人家笑的……”

好不容易回家一趟，却被父母整天的唠叨逼得抱头鼠窜无处可逃。和高中好友相约出去喝酒吃饭唱歌，半夜回家却发现父母都还没睡下，正在客厅里脸色阴沉地看电视……又免不了被骂一顿。

咱们学生都有过被父母唠叨的经验。父母总是不厌其烦，因为他们觉得我们根本没有听进去，其实很多学生表面上无动于衷，但心里已经好好地想过。只不过，虽然过了青春的叛逆期，但骨子里对于权威的家长还是有那么一点若有似无的抗拒。虽然嘴巴里不好承认，但心里有在思考。不过，能不能做到又是另外一回事。

毕竟咱90后还年轻，年轻的大学生总有着生于不同年代的父母无法理解的激情和欢乐。孩子是父母的心头肉，年纪渐长的人总是会有些莫名其妙的担心。正是因为他们比我们年长，正是因为他们经历的事情比我们多，所以才会担心我们会不会在哪里走错了做错了，这种感情其实可以理解。最近在网上总是看到很多文章，“教育”父母应该如何不对自己的孩子唠叨，但我认为与其教育父母，不如教育咱们大学生。

父母的唠叨很多时候是由于对孩子的不了解，毕竟咱们大学生大多都远离父母，所以我们应该主动地多和父母打电话聊聊天，假期回家之后多和父母在一起谈心，主动地让他们了解我们的生活状况。很多90后都没意识到，父母已经在渐渐老去，父母其实比我们还需要人关心。所以，大学生们，多听父母唠叨唠叨，他们需要这份唠叨，需要这份烦不胜烦的牵挂。

大学生要自立，花父母的钱要适当

“大学生到底该不该花父母的钱？”咱们90后不是没心没肺，大家也常常讨论这个问题。有的同学认为，父母辛辛苦苦供我们读书，为的就是希望我们能把全部精力投入到学习中，拿到一张文凭，未来找到一份安稳的工作。

很多同学都羡慕国外的大学生，他们的生活环境比我们开放和独立，小时候帮家里干点儿活就有工资拿，也知道把自己不用的玩具衣服拿到跳蚤市场去卖，从小就培养赚钱和独立的意识。反观我们中国学生，家庭条件好点，就爸妈疼爷爷奶奶爱，含在嘴里怕化了捧在手里怕摔了，基本上要什么就买什么，反正小孩子喜欢的无外乎就是些玩具零食之类，不贵，买就买吧。假使父母不买，哭哭闹闹大人就妥协了。家庭条件困难的，则应了一句“穷人的孩子早当家”，帮家里干活那都是义务劳动，你是家里的一分子，就要担起家庭的责任来，谈钱，想都没想过。

中国从古至今就是这样，无论贫穷富裕，家人就是家人，血浓于水。

所以，实际上，很多学生从小学到大学，没有做过兼职。你刚有点意识就被送进幼儿园了，谁说幼儿园是去玩乐的？现在的幼儿园不都流行双语吗？于是从小就开始了课本学习，实践活动少之又少、从小学到高中，所谓的课外实践也不过是学校组织去逛逛游乐园、动物园、科学馆，以及父母带着到处旅旅游。对中国父母来说，孩子是他们的一切。很多父母在生养了小孩之后，一辈子几乎都在为儿女操心，这些心肝尖儿谁舍得？与其让孩子去赚钱自力更生，不如送他们去少年宫学学舞蹈、钢琴，培养艺术细胞。和国外好友视频聊天的时候，看见他七岁的儿子跑到镜头前，伸手跟他爸“借”钱：“爸爸，借我十块钱。”爸爸说：“你要钱干什么？”儿子说：“买玩具。”爸爸：“什么时候还？”儿子：“下周一。”我问他：“他怎么还你钱？”他说，周末修草坪去……

因此，作为大学生的我们，现在社会上讨论的关于大学生自立的话题，真的不能全怪我们大学生。我们也很焦虑。你说年纪都这么大了，外国小孩十八岁就搬到外面独居，上大学基本上就是自力更生。在全球化的今天，这种巨大的差距着实让我们很郁闷。

所以我们在吸收国外的教育精华的时候，还是应该结合一下我国的情况。国内大学生一般出去做兼职，通常就是到餐馆食堂里打打零工，大街上站着发传单，给人做家教……长得漂亮的、身材好的就去做平面模特儿，但这种情况很少。按照上面的工资算，一个月就是几百块钱，而大学生的学费一年就要五六千，如果不依靠父母资助的话，得打多少个月的工？况且大学生还要上课，不能为了钱就荒废学业吧？说到底，大学生该不该花父母的钱，这要看各自的实际情况。

普遍情况下，让父母先负担学费、生活费之类的，学生可以通过兼职来自立。等读好书，找到好工作，别忘了孝敬父母就好了。

大学生必知的基本生活技能

咱们大学有一位“名人”，她的母亲每个星期都飞到大学，为她洗衣服，打扫卫生。生病了，打个电话，家人十万火急地赶来只为送感冒药。这个架势，让我们这一群还算娇生惯养的90后无比汗颜。进入了大学，远离父母，咱们不能再像以前一样无忧无虑地生活，培养忧患意识迫在眉睫！

先从生活说起。好友小商在高考之前基本上就没碰过家务。从小开始，父母就包办了小商的一切吃穿住行，叠被子、打扫卫生、洗衣服、做饭……她几乎没怎么动过。考上大学之后，父母突然意识到教会孩子生活技能的重要性，于是整整一个暑假，父母有空就教小商如何做家务。

但在真正地过了一年的大学生活后，小商仍是苦不堪言。因为不知道洗衣服时要把颜色不同的分开，结果好几件衣服都穿不成了；宿舍经常检查内务，好几次都是因为自己被扣了分；甚至电话没电，都不知道万能充该怎么用，最后还是室友教会的；在超市里买了一个电热棒，结果宿舍跳闸了，被老师狠狠地骂了一顿……不过经过了一年的锻炼，小商现在做起家务来已经得心应手了。她是独生女，以前梳头发都是妈妈一大早起来帮她梳的，上大学之后没人帮她梳，就只能整天披着头发去上课，不过现在她已经能梳好几种漂亮的发式了。

再说理财。理财是大学生生活技能的重中之重，如今很多大学生喜欢攀比炫富，网络上也屡见90后拜金、烧钱事件。首先大学生要明确的一点是，钱是父母给的，不是你自己的。所以在花钱之前要先考虑一下自己是否真的用得着这些东西和父母赚钱的不易。学会理财其实是个很长的过程，很多大学生过惯了富足的生活，父母也从来没让孩子了解过自己家庭的开支，自然养不成忧患意识，总觉得钱是花不完的。因此大学生首先要树立理财的意识，然后再去阅读一些相关的书籍，如今市面上很多理财书籍都非常有用。

最后，突发灾害的处理。关于大学生宿舍用电的问题，一直是学校安全教育的大患。当宿舍楼发生火灾、地震等突发灾害的时候，应该如何正确处理呢？这不仅仅是父母也是学校教育的重中之重。需要看到的是，现在很多家长自身对灾害的处理也存在着盲区，家长对孩子的相关教育更是少之又少，所以同学们应该经常查阅相关资料。

从这一刻起，要学会人际沟通

咱们90后不要循规蹈矩，也不要墨守成规，什么人际沟通，咱们不需要，只和自己喜欢的人交流。这是我大一刚进学校时的想法。那时我成为了同学们心目中的“怪人”！

我们常道，人际沟通最直接最重要的就是说话方式和行为动作。为了避免在别人的心中树立一个怪人的形象，从今天起，开始学习人际沟通吧！

第一，为受窘的人说一句解围的话。有些人处在尴尬得不知如何下台的窘境时，及时帮他说一句解围的话，可以帮助他解除窘境。

第二，为沮丧的人说一句鼓励的话。遇到因受挫而心情沮丧的人，给他一些鼓励，一些鼓舞信心的话，会让他生出信心。

第三，为疑惑的人说一句点醒的话。荀子说：“赠人以言，重于金石珠玉。”遇到徘徊在人生路口的人，对生命有疑惑的人，及时一句话点醒，可以改变他一生。

第四，为无助的人说一句支持的话。无助的人信心不足，经常生活在别人的善恶言语中，一句话可以决定他的心情好坏。所以面对无助的人应该多讲给予支持的话。

最后，总结一下，话不在多，话要谨慎说，才不会让人觉得轻薄，甚至招怨。

如果说以上四点是宏观的人际交往，那么以下几个小点就是细微之处的交往技巧，同学们一定要注意细节。

学会聆听，虚心听讲，认真请教；听别人说话的时候全神贯注，不分神，不做小动作，适当地沉默，不随便插话；少作批评，不要主观臆断，不好为人师，换位思考，给人留点情面；学会提问的技巧，与人谈话交流语气不要太过强硬。

时间不够？大学生必修时间安排课程

社团活动、学习、考试……还要抽出空和好友一起去逛街，到了晚上，当我一身疲惫地回到宿舍，虽然觉得自己很忙，但又似乎什么都没能做成。后来找到原因，不是时间不够，是自己没能安排好时间。

因此，从现在开始，咱90后要学会管理自己的时间。

第一，要熟悉每个学期的课程安排。每个学期的课程设置都不同，大学生合理安排时间是在兼顾学习的前提下。

第二，每天清晨起来，将一天的活动做成一个清单列出来，并分清主次，同时将活动内容分成学习和课余活动两类。在一天即将结束的时候，再次检查一遍清单，将已完成的活动用笔划去。虽然只是小小的一个动作，却会增添一份信心和满足。

第三，学习时关闭电子通信工具。在教室或者自习室时关闭手机，如果用到电脑的话，不要第一时间就登陆QQ、MSN。不可否认的是电子通信工具确实给我们带来了很多便利，但是在学习的时候也确实容易分散注意力。

第四，养成有规律的睡眠习惯。保证有质量的睡眠，也为高效率的工作学习提供基础。如果上课时昏昏欲睡，和逃课又有什么区别呢？

对照以上四项，看看你做到了吗？如果还没完全做到，那么就在此刻，赶快行动起来吧！

自立，不要过分依赖

“Never be dependent any one in this world. Because even your shadow leaves you when you’rein the dark.”

“在这个世上不要过分依赖任何人，因为即使是你的影子都会在某些时候离开你。”关于依赖，如今，在咱们90后大学生中，以下几种最常见。

第一就是网络依赖。当今的大学生几乎是人手一台笔记本电脑，与同学朋友的交流基本上都是在网络上进行，写日志、发表心情、订餐、购物、订机票、找资料……各种媒体的大爆炸，带来了一个信息超级丰富的时代，只要一台电脑、一根网线、一间房子，就是一个世界。这是个空前繁荣的时代，人类的孤寂也如同它的繁荣一样盛大，广阔无边。无论科技怎么发达，无论通信变得如何便利和迅捷，人与人之间实实在在的交往沟通，才是网络科技的终极追求。不久前看到一个超级网虫去世的新闻，一个三十岁左右的年轻人，却将自己人生的三分之一浪费在了网吧。在他离世的时候，留下的遗物是网游账号。电脑都会有辐射，这是众所周知的事实。所以过分依赖网络，除了精神上瘾之外，对身体也会造成很大的负担。

第二就是手机依赖。很多中国学生从中学起就开始使用手机。手机是一个伟大的发明，它让相隔千万里的人们实现了对话和视频。而且相较于电脑，它更加方便携带，所以现在的电脑化智能手机的概念也很风行。现在手机的功能，集合了通话、发短信、上网、拍照、录像等各种功能。大学生远在异地求学，和父母交流必须用到手机。大学生也相对独立，学生与学生之间很多的交流同样要通过手机。因此，对大学生来说，手机无疑是必需品。现在绝大部分的大学生都是拇指一族，甚至还有发短信的比赛。这里所说的手机依赖，是过分的依赖。比如有很多学生在上课时都会玩手机，上网听音乐看电子书。正如有的人一看见数学就会想睡觉一样，有的学生一走进教室坐下就会不由自主地花园总是学生们最钟爱的恋爱胜地，花香芬芳，树影婆娑。记得有一首词中这样写道："灯半昏时，月半明时。"多么符合花前月下耳鬓厮磨的古典意境。

女追男讲究的是战术，无论时代怎样改变，无论女人如何野人化，面子始终是薄的，所以女追男讲究点到即止。如果你已经付出很多，男生却始终不为所动的话，那也基本上可以判定，他对你没兴趣。

掏出手机把玩。

最后就是感情依赖。独生子女，无论父母长辈如何关爱，无论从小到大身边有多少玩伴，只要一个人的时候总会不自觉地陷入莫名的孤寂之中；再者因为只有一个孩子，父母都将孩子当成宝一样供着，即便是为了孩子的未来实行严格教育，也不可能真的下狠心“教育”。这是中国社会的现实。这种无处可寻却又无孔不入的孤寂促使着学生们对人与人之间的感情十分依赖，无论是亲情、友情，还是对宠物的爱护之情，甚至对洋娃娃的依恋之情。一个人能有一个可依赖的人或者其他什么东西，真的是很美好的事情，但是很多东西在某个年龄段或者某个时期，都会因为这样那样的原因压抑或者干脆放弃。这是成长必须经历的痛楚，希望同学们在往后的人生道路上能明白这一点。

以上三种现象，是如今比较普遍的，希望大家注意防范和自救哦。

帅不帅是其次，大学生要懂得自立

曾经有一个男生站在我面前，说：“做我女朋友吧！”

我问他为什么？男生说：“因为我很帅！”

我奇囧无比，悠悠地问他：“帅又怎么了？买东西可以打折吗？吃饭可以免费吗？”大学生，帅不帅漂不漂亮是其次，首先是要懂得自立。

我们先说学习自立。大学教育更注重学生的自学和思考能力，对经历了十二年填鸭式教育的大学生们而言，如何在没有父母、老师、高考的压力下学习确实是个很严重的问题，所以大一新生经常挂科。很多没能处理好这个问题的学生最终选择逃避现实，沉迷网络。

然后再说生活自立。高考结束后，有的家长特意放任孩子休息，更助长了孩子“养尊处优”的心理，到了学校之后，会产生很大的落差，这反倒害了孩子。因此建议家长应该适当让孩子做些力所能及的家务，比如洗衣服、整理自己的内务等。家长也要了解大学所在地的饮食习惯，比如去南方就试着让孩子习惯吃米饭，去四川就尝试吃辣味饭食。

接着就是理财自立。大学是一个开放的小社会。初出家门的孩子要自己安排日常饮食起居，就要首先学会理财。建议家长应当了解大学所在城市的消费水平，合理地给孩子生活费。太多和太少都不好，应当让孩子学会选择消费。可以在这剩下的一个月里让孩子管管家里的账，提前锻炼孩子的理财能力。

最后就是心理调适。大一新生因为面对陌生的人和环境，会很关注别人怎么看待自己，也很担心与别人如何相处。准大学生应该在假期中有意地调适自己的心理，多与人接触。90后更应该主动接受自己和他人，学会关心、包容和宽容。

另外，可以在有安全保障的情况下，让孩子自己组织出游或者远足，提高他们的自立、自理能力；也可以在假期鼓励他们打零工，兼职、勤工助学、做志愿者活动，让他们学会承担社会责任。

生理与健康

好奇，大学健康教育课学什么？

在大学健康教育课开课之前，大家都在猜测着这门健康教育课都学些什么？似乎咱们大学生的健康教育课总是能引起外界的猜测。好吧，既然你们那么想知道，咱们就来看一看！

大学健康教育课涉及了医学、教育学、心理学、营养学、行为科学等几门学科的知识。

对这些知识的学习有助于我们更好地认识当前大学生中存在的健康问题，包括大学生如何在日常生活中保护自己，在发生危险的时候如何自救等问题，这对大学生的日常生活以及生理心理健康有着实质性的引导和帮助。

大学生健康教育课从以下几方面为主。

第一，健康概念与生理心理卫生。要求大家掌握现代健康概念、内容以及影响健康的主要因素，理解大学生的生理，心理特征、认识大学生心理健康的意义以及基本要求。

第二，生殖健康与性教育。要求学生了解男女生殖器官的功能和受孕，远离性生理的误区，知道性发育、手淫、同性恋、性行为等相关知识，这个主要目的在于让学生普及性教育，提倡性道德，增强学生的生殖保健意识，树立健康的婚恋观，掌握性病以及艾滋病的预防，避孕以及节育方法，避孕套的使用方法，意外妊娠的危害以及补救措施。

第三，常见生殖系统疾病。了解男女生殖系统常见病的种类，了解这些常见病的病因。要求学生能提高对生殖系统疾病的临床表现和鉴别诊断的认识，如何防治生殖系统方面的疾病。

第四，性传播疾病与艾滋病。掌握性传播疾病的概念、传播方式、危害性及防治方法；了解常见性传播疾病，如梅毒、淋病、艾滋病的传播方式及预防措施。

第五，传染病概念、常见传染病及预防处理。掌握传染病的概念、特征、流行的基本条件与预防措施，理解传染病的特点，了解流行性感冒、流脑、肺结核、细菌性痢疾、病毒性肝炎、霍乱、登革热、禽流感等的症状及预防措施。

第六，常见症状及常见病的防治。了解症状的概念，掌握常见症状如头痛、发热、咳嗽、腹痛、腹泻和便秘出现的原因和初步处理方法，了解常见病如结膜炎、慢性鼻炎、急性扁桃体炎、急性支气管炎、急性胃肠炎、消化道溃疡、泌尿道感染、尿路结石、急性阑尾炎等的临床表现以及防治方法。

第七，意外伤害的现场处理。理解意外伤害现场处理的概念、意义与现场处理的主要任务，掌握猝死的诊断及心肺复苏的理论及操作方法，掌握中暑、溺水、电击伤的预防方法和急救措施，了解创伤急救四项技术在现场急救中的重要意义，掌握止血、包扎、固定、搬运的基本技术操作。

现在都知道健康教育课学些什么内容了吧！满是好奇心，对照以上七个方面，哪位同学还没合格，抓紧时间补习功课哦。

这些性知识，大学生都知道吗？

还记得上中学的时候，学校开的生理健康课吗？在那羞涩而闭塞的年纪，总是对那种事情抱着些许的憧憬与惶然。记得那个时候男生女生坐在闷热的多媒体教室里，一男一女，器官图片就那样堂而皇之地投映在巨大的屏幕上。耳边男生的口哨声响成一片，女生捂着脸哧哧地笑。我们就在那样混乱的时光里懵懵懂懂地了解了一些有关性的知识。

大家都知道，年轻时代的性，多是因为分泌过多的荷尔蒙和对异性萌动的情意。只需要一句“我愿意”、“我不后悔”，便堂堂皇皇地将自己的身体交付给某人，而从不去思考未来。没有保护措施和基本知识的性所带来的后果，则是年轻的孩子们脆弱的肩膀无法承担起的泰山之重。

然而根据相关调查，大学生对性成熟知识、避孕知识、优生优育知识、性病知识了解得都相对贫乏。大多数大学生了解这些方面的知识，87%以上的来源都是各种黄色书刊光碟和网络。而在这样的条件下，大学生发生性关系的百分比呈现不断上升的趋势。

男大学生更倾向于直接的性行为。女大学生可能更担心性行为会带来身体和精神伤害，所以更喜欢约会、接吻等性行为以外的接触。

另外男大学生发生自慰性行为的频率远远高于女大学生，是男大学生中普遍采用的一种性宣泄行为。不少大学生对自慰性行为有很多困惑和心理困扰。一般适当的自慰性行为，不会对身体造成伤害，但是如果过于频繁，会令人产生情绪低落、不思上进、自责等负面影响。可以通过运动、参加公共活动等丰富多彩的业余生活，来转移对性的过分关注。

据一项调查发现：大学生掌握的避孕知识的正确率只达到30.2%。大部分女大学生在得知避孕失败后往往惊慌失措，不敢到大医院，而是找偏僻的诊所草草终止妊娠，这对身体和心理都会造成很大的伤害。

这项调查也发现：大学生掌握的性病知识正确率达到53.7%，虽然在性知识维度中是最高的，但没有达到及格水平。在性行为研究中也发现，一部分大学生尤其男大学生是不愿意使用安全套的，安全意识较差；在高危性行为的人群中，大学生也有一定的比例。据有关研究统计，在我国累计发现的艾滋病病毒感染者中，16～29岁的年轻人约占66.7%，而大学生是其中一个非常重要的群体。要更正一些错误的性生理观念，比如一些男女学生都误认为女性“初夜一定要见红”；少数男大学生被一些非法药品广告误导，认为自己阴茎过短或过小，或认为自己患上了性功能障碍；少数女大学生误认为自己患了不孕症而忧心等。对一些常见的性生理问题，比如痛经、月经异常、白带异常、外阴瘙痒、包皮过长、包茎、泌尿生殖道感染等，需要到医院进行咨询治疗。调查还发现：大学生对优生优育知识的回答正确率只有32.8%，掌握水平也非常低。特别是并不知晓婚前频繁做人流手术会对女性子宫造成极大的伤害，甚至引发终生不孕；男性过度性交会导致肾虚，将来影响生育质量等。因此，对待自己和身体，希望大学生都要认真谨慎，好好学习健康教育课。身体是革命的本钱，这句话同样适合咱们后90后一族。

大学生悄悄话：你看成人片吗？

拉起窗帘，关掉灯，反锁宿舍门，点开快播……说得这么明显，你知道我们要做什么！其实大学生看成人片，很正常的，真的……

虽然咱大学生身体方面已经成熟，但在不健全的性教育下成长起来的我们，对于真正的性知识仍然处在一知半解的状态，甚至被一些色情书刊、网络视频、成人片错误引导。

首先应该明确的一点是，成人片并不等同于性教育片。很多女生在看完成人片之后都会大呼“恶心”“不堪入目”。因为女生对于性和爱的界限认识很模糊。在绝大多数女大学生眼中，爱情是可以等同于性的，因为之所以有了爱，才会衍生出“性爱”。所以，当心目中美好的爱情幻想突然遭遇劲爆火辣大尺度的成人片时，女生都会不由自主地产生反感。

性爱是热恋中的男女自然而然的交融，而不仅仅是欲望的宣泄。妄图通过成人片来代替正常性教育，这是极为不明智的做法。首先，成人片注重的是如何刺激人们的感官欲望，为了达到这个目的，AV制造商们在撰写剧本的时候，多少都会描写一些露骨的、不道德的，甚至是违背伦理的情节。对需要进行正确的生理和心理疏导的大学生来说，过多地浸淫在这种成人片中，可能会在一定程度上扭曲了纯洁的爱情观。

再者，从生理方面，在性教育程度普遍不高的大学生群体中，观看成人片代替性教育，可能会对生理造成损伤。成人片为了达到刺激的效果，往往会使用一些出乎人们意料的体位，甚至会借助一些不正常的器械。据有关专家指出，有些成人片中的高难度动作，在正常的性生活中几乎是不可能的，除非身体的柔韧性特别强，如果照搬影片中的动作，可能会伤到性器官。

学习性知识没有错，因为它是人类正常的需要，圣贤也说：“食色，性也。”由于大学生对此类事情普遍感到好奇，所以还是希望学校和父母能够重视起来，及早对他们进行正确而正常的性教育。

大囧！那些说不出口的心声

咱90后大学生活精彩非凡，可生活并不全是一成不变的嘻嘻哈哈，咱们也有苦恼，也有说不出口的心声。

萧羽虽然和我不同系，但一次的晚会主持让我们成为了好朋友。最近，一向开朗的萧羽也遇上了她的烦心事。

萧羽所在的系部开学的时候新来了一位导员，这名新来的导员和同学们年纪差不多大，平日里总是一副笑呵呵的表情，刚开始大家都很喜欢和他打交道。但是之后萧羽和其他女生发现，导员很喜欢到女生宿舍，总是打着些什么检查宿舍、关心大家的幌子——其实是在宿舍里面和女生聊天。一个星期偶尔一两次还可以，但是他基本上每天都来，而且都是晚上。有一次萧羽她们都睡在床上了，却听见导员的敲门声。这个时候大家虽然对导员已经牢骚满腹，却不知道该怎么说。

有一天，萧羽到辅导员办公室交作业，只有导员一个人在。萧羽对导员已经没了好感，准备放下书本就走，谁知导员突然走到她面前，伸手摸了摸她垂下的头发，笑着说道："萧羽你今天真漂亮！"萧羽吓了一大跳，连忙转身离开。从那之后，萧羽再不会主动去辅导员办公室了，即使非去不可，也要让其他女生陪同。萧羽面子薄，这种事情无论如何也说不出口。也许导员正是抓住了她的这种心理，总是有意无意地碰触她一下。

萧羽仔细想想，可能是她无意间的什么动作给了导员暗示。于是她干脆删除了导员的QQ号和手机号码，真要有什么事就问一下其他同学。虽然造成了很多麻烦，但是萧羽也没有办法。

萧羽同学的问题，能够通过个人的态度来改正对自己不利的一面。然而，大学生活远还不仅仅这些难言之隐，还有更多的心声，比如关于奖学金的问题。

如果可以弄一个排行榜的话，奖学金的问题一定可以排进大学生关心度前三。虽然说谈钱伤感情，但是不谈钱的话，伤心啊！

为了争取到奖学金的名额，同学们各出奇招，无奇不有。比如有的学生在投票前会到其他的宿舍，搂着肩膀假扮亲密叫姐妹："投票的时候投我一票哦，请你吃饭！"或者是有的学生为了得到奖学金，不惜声泪俱下，讲述自己悲惨的生活和一无是处只知道喝酒的父亲。我就遇到过这种学生，记得当时很多人都被感动得哭了。直到后来，她在宿舍给她爸爸打电话，骄傲地讲她如何如何编故事，如何得到那两千块的奖学金……我们才知道了真相。虽然很愤怒，但是却不能讲出来，因为学生之间似乎已经形成了这种默契。大家都心知肚明，其实贫困的学生没有多少，你如果一马当先去检举的话，说不定会得罪很多人。

相信难言之隐还有很多，这些秘密在大家心中都有。每个人都有自己的心声，有无奈有苦闷，寻找一种合理方式宣泄一下才是好的方法。比如和朋友或网友诉说一下，或者别的更适合自己的方法，这就需要自己去探寻了。

犯了错找借口，坑爹啊！

社团新生犯了错，却不知道检讨自己，身为理事的我被小丫头片子气得说不出话来。

我想起乔治·华盛顿·卡佛的一句话："99%的人之所以做事失败，是因为他们有找借口的恶习。"一个人做错了事的时候，如果总是把各种冠冕堂皇的借口挂在嘴边，那么最终属于你的只有那些你自己编造的各种各样的借口和连续不断的失败。除此之外，你将一无所获。

在老师的眼中，学生偶尔犯错并不可怕，怕的是他们身临失败之境却毫无意识，甚至自以为是。因此，找借口是一种极其不好的习惯，一旦养成了这种习惯，你的工作学习就会拖沓，没有效率，置身于借口的陷阱中而不自知。这样的心态会导致越来越多的失败。

在未来职场中，上司真正需要的是那种想尽办法去完成任务，而不是去寻找任何借口的人。在那些敢于承认错误并勇于改正的人身上，体现着一种服从、诚实的态度，一种负责、敬业的精神；而那些想办法辩解的人却不见得一定能够得到上司的谅解，相反会被上司定义为怯懦、难成大器的蠢材。

假如真的犯了错，就勇敢地去承认"这是我的责任"或"这是我的错"。因为在上司眼中，只有敢于担当的下属，才是可以委以重任的。只有抛弃找借口的习惯，才不会为工作中出现的问题而沮丧，甚至可以在工作中学会大量解决问题的技巧，这样成功才会离你越来越近。

找借口可能暂时会逃避困难和责任，获得一些心理的慰藉，但找借口的代价无比的昂贵。很可能一个令自己心安理得的借口，往往会失去自身改正错误的机会，失去他人的信任。当然，犯错误会让我们很难堪，甚至陷入困境，可另一方面也促使我们警醒，让我们积累经验，逐步走向成熟。

女大学生宿舍绝密曝光，内衣Party

咱们女生凑在一起，总是有无数的话题、兴趣和Party，而我们女生宿舍的内衣Party，在宿舍楼乃至校园内都有名气，但是你想参加？省省吧，这可是女生的天堂，男生止步。可以幻想，禁止观看。

我们先来了解一下内衣的官方定义：内衣是一个女人除去掩盖的身体之外最隐秘的部分，它又被称为第二层皮肤。可以说，内衣见证着一个女性从女孩到女人的成长过程。内衣是个秘密，所以这个实质化的秘密能将女性的部分心理展示出来。比如性感的女人对素色且样式保守的内衣没有好感，甚至认为，作为一个真正的女人，绝对不能选择肉色系的内衣，否则就会很土，没有品位。

内衣对女生来说是非常重要的东西，一个宿舍的女生，或者玩得好的朋友，多半都会讨论对方的内衣，逛街的时候大家也会约着去内衣店，互相作参考。在很多女生宿舍里都会有类似睡衣派对的内衣派对。它比睡衣派对更加疯狂。

任何有关裸露的场景都会让女生兴奋。保守人士可能会觉得这种派对不符合大学生精神文明建设，但如果能从小方面看待，这种内衣派对有它良性的一方面。不同于美国学校开放的作风，中国女生们的内衣派对，通常都是在隐蔽的房间里，并且排除异性的存在。在这个场景中，女生不必在意男生的眼光。单从这一点来说，女生们举办这种内衣派对已经能起到放松和娱乐的效果，对学习就业压力很大的大学生有很好的缓解作用。

女生都是崇尚美并追求美的生物，脱下一层层的束缚，女生们能看到自己和别人的身体，美丽都是对比出来的。也许这种说法对其他认为自己身材不好的女生来说是个打击，参加甚至举办这种派对都是对自己的讽刺。所以这就需要提到同学们如何正确看待这个内衣派对。有着自卑之心的女生在看到其他身材更好的女生后会心生向往，并且对自己圆滚滚的肥肉产生厌恶；当然，身材肉感的女生也许会发现，原来一直认为身材很棒的女生，在脱掉衣服之后胸部却平得像男生一样；或者发现，原来那个很会化妆的女生背上有那么多痘痘……每一个参加内衣派对的女生，无论是谁，无论之前的心态如何，在彼此坦诚相见之后，或多或少都会产生一些自信。甚至还能学习到别人保持身材护理肌肤的方法。

无语望天，我有不良习惯——自慰

我好害羞，这个话题……怎么说呢……听不清？

你有过自慰经验吗？有没有！

陈锦和我相识于社团活动，大二女生，谈起她的自慰史，从高中就开始了。从什么时候开始接触这种“知识”呢？陈锦说是买了电脑之后，从网上了解到的。一些言情小说里面会有相关的性描写，还有某些网站……看着里面逼真的描写和表演，陈锦就下意识地去摩擦身体，并且渐渐地获得了快感。从那时候开始，陈锦就陷入了自慰带来的快感之中。

平日里是好学生乖乖女，晚上总是想着那些事，陈锦开始对自己的自慰行为产生恐慌，并且认为自己可能生病了。

后来考上了大学，和其他女生住在一起，相互熟悉之后大家也会悄悄地聚在一起看成人片。大家都认为，大学生是成年人了，生理已经成熟，有这种需要很正常，清心寡欲才是不正常。看着屏幕里日本AV女优的叫声和动作，陈锦的身体里又升起异样的感觉，原本下决心要断绝掉的手淫习惯，在那天晚上的视觉和感觉刺激之后又再次开始。因为是在宿舍里，陈锦一般都是在晚上关灯之后，悄悄地用手摩擦下体。宿舍里一共住着六个人，又是在夜深人静的时候，陈锦一边悄悄地自慰，还要一边观察着四下的动静……在宿舍里做这种事情，陈锦感觉到有其他人在默默地监视着她，虽然心中恐惧，却仍然敌不过这种恐惧带来的心理快感，之后，陈锦又再次陷入自慰。

对于陈同学的这种行为，我们要主观对待，先从定义开始。首先，自慰是一种正常现象，自慰又叫手淫，狭义的概念是指用手来抚摩刺激自己的外生殖器，使心理上得到满足，达到自慰的一种现象。无论男女，到了青春期后，由于体内的生理改变，都会自然而然地产生性的冲动和要求。这段时间处于性紧张状态下，会对性问题满怀憧憬、好奇、幻想。作为一种本能，会在性生理和性心理的驱使下开始有意识地手淫。

由于性冲动不是受大脑支配的而是由血液中的性激素水平所决定的，所以这是一种不以人的意志为转移的自然现象。

其实适当的自慰不仅没坏处，相反还有益处，它能缓解紧张、焦虑、压力。但是假若频繁地进行手淫，对身体就有伤害了。一般认为，一周超过两次就算是频繁。过于频繁的手淫一方面使人精神、精力下降，另一方面过频地刺激性器官，极有可能导致男子阳痿、早泄或女子性冷淡。假如频繁手淫成为习惯，甚至认为手淫可以代替性生活，则会成为同性恋、自恋等病态人格的温床。

所以，奉劝大家一句，有自慰现象的同学不要惊慌，只要把握好度，一样是一名优秀健康的大学生。

受不了！我的女友穿着太爱露

咱们班一直暗恋卢雪丽的路平终于修成正果。路平从大一的时候就开始暗恋卢雪丽，卢雪丽是南方人，身高一米七，皮肤白，长相精致，从中学时代就热衷化妆打扮。

路平不是那种很强势的男生，他的性格很温和，对公主一样的卢雪丽，路平秉承包容包容再包容的好男人理念。卢雪丽喜欢玩、逛街、购物……路平全都包容，可是他渐渐不能忍受卢雪丽的穿着。卢雪丽在班上有一群要好的玩伴，她们和卢雪丽属于同一类型的女生，都很会打扮，在穿衣方面大家会相互借鉴。以前卢雪丽最多就是穿得漂亮些，注重色彩的搭配，加上她先天条件好，属于衣架子，怎么穿怎么漂亮。可从这个学期开始，卢雪丽风格大变，黑色薄丝袜，高腰短裙，吊带衣……走在街上和校园里，经常惹得男生频频回头、吹口哨。卢雪丽却相当自然，并没有觉得有什么不妥。

有时候路平说多了点，卢雪丽就会笑他：“现在的女生都这么穿，你别保守了。”女友说的是事实，但别人是别人，她是他的女朋友。

真正让路平愤怒的是，卢雪丽在外面找了一份兼职，为一家内衣店走秀，一个小时就两百多块。在全市最大的商场里面设了一个T形台，整天来来去去那么多人，都会盯着女朋友看……路平想到这里就忍不住对她骂道：“你到底知不知道羞耻？”这是两个人交往这么久以来他第一次发火，卢雪丽沉默了片刻，然后什么也没说就起身离开。平静下来后的路平打电话给卢雪丽，卢雪丽在那头很认真地说：“路平，你没有权利管我，你太大男子主义，我接受不了，怎么穿衣服是我的自由，怎么在你眼里就成了不知羞耻？”

路平冷静下来之后主动跟卢雪丽道歉，卢雪丽别扭地原谅了他。路平干脆打开心扉，把自己的想法告诉了卢雪丽：他喜欢她，珍惜她，所以无法忍受别的男生不怀好意的眼神，希望卢雪丽能理解这一点。往后卢雪丽还是按照自己的兴趣去穿衣服，但似乎已经下意识地留意路平的感受，在选择服装的时候尽量选择走光系数比较低的。

在这里，姐想说，女生要自己的风格天经地义，但对于露，姐的态度是适可而止。

娇弱的男友你伤不起啊！

好几个大学朋友在豆瓣网上咆哮：“伤不起啊伤不起啊！我的男朋友，你让我说他什么好，我就说了他两句，他竟然就给我哭起来！我只能劝啊劝，他还是哭哭啼啼，那一瞬间，我突然觉得，其实我才是纯爷们儿啊！”

那么，女生们公认的男友很娘的具体表现是什么呢？下面有请咱们班的豆瓣咆哮者们出来咆哮！

第一类，胆子小型。一起走在路上，男朋友突然往我身后一蹦，大声叫着："虫子！"那当然是虫子，难不成是外星人？看着高高大大的男友害怕的样子，忍不住抓起那只虫子，拿到他面前，结果……他吓得缩成一团，抱着我嘤嘤地哭泣着，十分有地主和小妾的架势……

第二类，娇羞型。下了课，两人在老地方碰头，准备去吃饭，男友一米八的大个子，小动物一样下巴搭在我肩膀上，柔声说道："主人，今天咱吃什么啊？"我就像黑社会老大似的，轻轻地冷笑，伸过手去调戏了他一番，娃儿一脸的娇羞："不要嘛。"上次去男朋友家里，他在其他人面前都正常得很，当然，我也收敛起了铁血真男儿的本性。吃了晚饭，两人在他房间打打闹闹，爷们儿我靠在床头，一脸的醉生梦死，冲他喊道："少年！来扑倒我吧！"结果……他的妈妈端着水果进来了……如今提起这件事，他还会娇嗔道："你好坏坏哦！"

第三类，爱打扮型。男友非常注重外形，大学里谈恋爱不都是男生在女生宿舍下面等吗？为什么到了这里就是我站在男生宿舍楼下。环抱双臂，嘴里叼着根烟，打了电话催了好几遍都不见人下来，最后忍无可忍，冲着他宿舍的窗口大喝一声："你到底有完没完！"

第四类，爱哭型。男友十分爱哭，真的。不知道是不是我惯的，每次我们俩一吵架，他就开始哭，哭得梨花带雨。我无奈地点了一根烟，跷着二郎腿："别哭了啊，别哭了，再哭的话我不要你了……"我的手机铃声是男友亲自录制的："皇后娘娘，又有壮汉上供了！"

遇到以上几种类型男友，的确令大家哭笑不得。解救良方就是，即刻起，从严管理，大力改道，把他的男子汉气概激发出来！什么，激不出来？那就换一个呗！

超级悲催，我有不好的过去

回想起当年的中学生涯，同学们的感想如何呢？什么？恨不得挖条地缝钻进去！

社团好友艾丽最近很苦恼，因为她遇到了曾经的中学同学。

那是她很害怕的女生，因为艾丽以前上中学的时候偷过她的钱。艾丽并不是缺钱用，父母被老师请到学校后，保守的父母当着全班同学的面狠狠地扇了她几个巴掌，她听见人群中传来的嘲笑。那一瞬间，她痛苦得简直想去跳楼。艾丽不是为了钱而偷钱，事实上那些钱她根本没用，而是被她丢进了学校后的臭水塘里，她只是为了单纯的报复，因为那个女生总是处处针对她，在她后面说坏话。看着她因为钱没了而焦急，甚至哭鼻子的样子，艾丽就觉得痛快。

之后的两年，艾丽过得很痛苦。每当班上有谁的东西不见了，矛头立刻指向她，虽然过后证明并不是她的错，但仍然没有人说一句道歉的话，似乎她被怀疑是理所当然的事。

高考之后，她整个人终于轻松下来，好像整个人获得了重生。再过两个月，她就可以离开这个让她难堪的环境，开始新的人生，没有人知道她曾经做过那种事。

似乎一切都如她所愿，她在外省上了大学，交了男朋友，和同学们相处融洽……男朋友生日那天，他请了很多人一起庆祝，包括在另外一所学校的哥们儿。就在那一天，艾丽见到了曾经让她万分难堪的女生，女生比艾丽镇定多了，虽然两人曾经有过节，但她现在是艾丽男朋友哥们儿的女友，怎么说也要做出样子来。

两人像多年未见的老同学一样热络地聊天，只有艾丽知道那种恐惧。

如果她把曾经的事情说出来怎么办？男朋友会不会觉得她虚伪？同学又会怎么看她？是不是又要重复当年高中的情景……

其实每个人，或多或少都会有些难堪的过去，经常听人这样说："一想到过去，就恨不得挖条地缝钻进去。"那都是年少时冲动无知犯的错，过去的事情没有办法改变，我们唯一能改变的，也只有自己的心情而已。学会坦然，无论曾经的荒唐是有意还是无意，它都过去了，所以我们要学会原谅自己。

女生，认真对待性行为

同班女生悠悠，大一就谈起了恋爱。最初只是纯纯的校园恋爱，但到了如今，这段感情似乎已经朝着不好的方向发展。悠悠以前很漂亮，一张红润的苹果脸分外讨喜，可如今的她却变得憔悴，脸色暗黄，不久前还去做了堕胎手术。

原本只是20岁的90后少女，性格却开始渐渐变得多疑，经常无端猜测男友是不是有了其他的女朋友。悠悠到宿舍找我们哭诉，一把鼻涕一把眼泪，像极了生活不和谐的怨妇。

我们知道爱情与性的关系极其密切，没有爱的性和没有性的爱都是难以想象的。大学生产生性冲动并且发生性行为，这是生理上的正常现象，但在心理上，你作好准备了吗？真的决定要同居？在传统的观念中，发生性行为意味着责任和承担。在同居、发生婚前性行为之前，问一下你自己，作好准备了吗？或者说以下三项，你能Hold住吗？

第一，对爱情要有足够的安全感。有的男生经常会对女生说出这样的话："你如果真的爱我，就要证明。"言下之意，就是要发生那种性关系。爱情和性密不可分，但是姐想说没有必要用性来证明。

第二，你的心理够强大吗？无论男女，恋爱的最终道路也不过两条：终成眷属，或分道扬镳。发生性关系后的分手往往会给对方造成很大的心理创伤和身体伤害，尤其对女生而言。因为女生总是容易一往情深，在发生性关系之后其实心里已经将对方当做自己的结婚对象。

第三，你懂得避孕知识吗？女生做过人流手术后，身体很难恢复，同时还要面对着学业和老师同学的猜测，身心损害极大。并且做手术容易损害生殖器，对未来的婚姻生活影响很大。所以，为了避免堕胎，双方都有必要了解避孕的常识和意外怀孕之后的处理方法。

如你能Hold住这三项，姐还要奉劝大家，慎重再慎重，对自己的身体负责。

躺在校园的草地上，听着其他人大呼小叫，看着那些壮观的流星雨灿烂了整个天空，突然间失去了说话的欲望，没有什么词语能表达对宇宙造化的赞叹。

身边的其他同学整天不是去跑招聘会就是去公司面试，要不就是去听什么讲座。看着忙忙碌碌的其他人，内心的不安终于开始变得实质化，第一次对自己的未来产生了恐慌。

毕业与未来

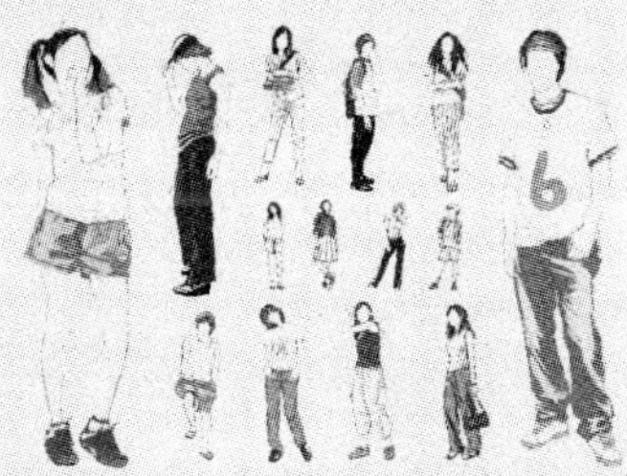

毕业典礼，一起说再见

和几个行将毕业的学姐聊天，在说到毕业的时候，大家都长长地叹了一口气，说了一声：“终于结束了。”

毕业，意味着结束，也意味着新的开始。无论是小学毕业，中学毕业，或者大学毕业，我们都会不由得生出这样的感慨来：“终于，结束了。”

终于，又可以开始新的人生了。

在毕业典礼这一天，大家可以无拘无束，和班级上向来说话很少的人聊得热火朝天，不会喝酒的女生硬着头皮灌一杯二锅头，感情深厚的女生们拥抱在一起说着不想分开的傻话，而男女朋友的分手概率也在这一天飙到顶点……大学四年里的欢喜哀愁，似乎就浓缩在了这短短的一天里。

分别的时候，大家相拥而泣，口里念着舍不得。在没有人的自习室里漫无目的地待上大半天，回想着自己在相同的位置上趴着睡过觉，口水滴在了课本上，旁边的男生捏着你的鼻子，然后看着你一脸迷茫地起身，狼狈不堪……那时候，就怎么没能大胆地问一句：“帅哥，你贵姓啊？”大家穿着书卷气十足的学士服，在伟人雕塑前合影留念，然后发给父母，告诉他们自己毕业了。父母很安心，自己却不知道是什么感觉——似乎这四年的大学，等的只是这一天。

在这一天里，大家毫无顾忌。

站在女生宿舍楼下，大声地对XXX喊出我曾经很喜欢你!

和老师勾肩搭背，痞痞地笑着说：“老师你的课真不咋地。”

痛哭、打闹、喝酒、狂欢、裸奔……身体里的青春期荷尔蒙依然在汹涌澎湃，大家却早已站在了最末尾，肆无忌惮地挥霍着库存的青春。

好想不负责任地大喊：“我还没玩够！我还没玩够！我不要毕业！”

可是所有人都在告诉你，毕业了，真正长大了，不能再任性，要做一个大人。

曾经爱过的，曾经看不惯的，曾经欣赏的……在这一天，挥舞着学士帽，大声地向你说再见。

大学生不愿毕业，还没作好工作准备

七月到来，应届毕业的大学生们又将拥向人才市场，而这些群体中，没有90后的身影。我们隔岸观火，但也感觉到了七月流火的热度。我认识的很多学姐学长已经占了主体位置地向我表达了对大学校园的依依不舍之情，曾经在后面骂骂咧咧的绝对不是他们哦!

国际贸易专业的学姐林芮婷就是其中的一员，她说自己可能还是要去考研。她认为现在的竞争太激烈，随便去一家好点儿的公司，学历方面大多要在硕士以上，因此她希望自己能多读两三年，提高自己的就业点。

看着身边的其他同学整天不是去跑招聘会就是去公司面试，要不就是去听什么讲座，内心的不安终于开始变得实质化，第一次对自己的未来产生了恐慌。

其实大学生不是不愿意毕业，而是没作好工作的准备。

很多独生子女可能到大学毕业为止都没有真正地打过一份工，坚持认为自己还很年轻，还有大把可以挥霍的青春，没有担当没有责任感，从来没有考虑过未来的生活和工作，秉承着及时行乐的人生态度。

李俊伟就是一个典型的例子。他的家境富足，上面还有一个哥哥一个姐姐，两人都已经成家立业。李俊伟生得很晚，是家中的老幺，自然讨所有人的宠爱，他的家人为他创造了一个无忧无虑的世界。他的人生就是做自己喜欢做的事情，能成才更好，成不了才的话还有兄长和姐姐。对于李俊伟毕业后的去向，父母早就安排好了，继续往上读，读硕士博士。在考研究生之前，李俊伟和另外一个女孩子已经在筹备婚礼了。

除此之外还有很多学生嫌起薪太低，所以不愿意工作。有同学认为，一个月1500元的工资，除去租金生活费之外没剩多少，虽然说大学生不应该太挑，但是这样的工资水平连生活都不能保证，谁有工作的心情呢？

有经验的学姐说："工作第一年不要想着赚什么钱，也赚不到，就当是积累经验了。"

因此，姐送大家一句话，还是那句老话："牛奶会有的，面包会有的……一切都会有的。"

我的青春我做主，绝对不做五道杠！

以前中学毕业的时候，兴高采烈地搬着大摞大摞的课本试卷卖掉，得来的钱买根冰棍叼着，约着同样解脱的朋友出去疯，喝热辣辣的烧刀子，在KTV里撕心裂肺地大吼"死了都要爱"，在空寂无人的大街上浪荡，口中念叨着"流浪在拉萨街头，我是世间最美的姑娘"。那时感觉到的无边无际的自由感，都不知道是从哪里来的。

如今眼巴巴地望着大学要毕业了，社团的学姐蓝玉却没了当年的洒脱自在，忙着毕业论文，忙着毕业典礼，忙得一塌糊涂……忙点儿好啊，不忙的话心里反而空空的，站在人生第一个重大的路口，突然茫然失措。

人生路口，要怎么选择？

相信当你看到这里的时候，心中已经有了自己的想法，不过长久以来依赖父母做主的你，可能依然在等着父母最后的决定。要如何选择，先问问你自己内心真正希望的生活是什么样子？喜欢忙忙碌碌的都市，就留在大城市，想过流浪者的生活，就到处走走。

父母的影响只是曾经，即将走出校门的大学生，请做回你自己。

曾经看过不少这样的例子：某女大学生不能接受父母安排的公务员工作而跳楼自杀，网上曾闹得沸沸扬扬的留日学生机场砍母……父母肯定都伤心死了，呕心沥血培养出来的孩子反过来这样折磨父母。若换一个角度想，父母这样做是不是也在折磨我们？这个问题有难度。

但是，可以证明的是，人生的最终目的还是为了幸福快乐。因此，还是奉劝大家，走自己的路，做自己爱做的事。不求富贵荣华，但求幸福快乐。

大学生出路，路在何方

不知不觉，我们90后已经站在人生的岔路口，不提到这个问题还好，昨晚一提起这个问题，顿时迎来宿舍女生的枕头袭击："呸呸呸，快掌嘴，净说些不吉利的话。"

大学生出路，路在何方？路当然是走出来的，敢问路在何方，路在脚下。下面，我们就一一分析。

第一，考公务员。很多大学生毕业后都会选择这条路，同时也是大学生的父母认为最适合的一条道路。每年公务员的考试阵势堪比高考，之前某女生跪求考官延迟交卷的过当举动，更是将公务员考试推上了舆论浪尖。确实，公务员也许不是大学生最喜欢的职业，却是最安定最有保障的职业。不过公务员工作枯燥，政府内部钩心斗角，各种考核繁杂。这也是大学生在考之前需要考虑的。

第二，考研。很多大学生认为当下社会对大学生的要求越来越高，于是在四年的大学生涯过后，选择了继续留在学校，但也排除有些学生对校园外的社会生活充满恐惧，不愿面对压力的现实而选择了读研。其实对比学生的学历，企业更多注重的是学生的实践操作能力。如果是对某门专业有着特别爱好，可以选择继续深造，也可算是术业有专攻。但如果如前面所讲，仅仅是为了躲避社会现实和压力的话，那还是调整好自己的心态，勇敢地迈出人生第一步吧！毕竟两三年的时间，也许会和很多机会失之交臂。

第三，出国留学。能在年轻的时候出国多看看，掌握一门语言。如果选择了好的专业，不仅能在国外学到丰富的知识，还能拿到硬文凭，为自己未来找工作增加一个砝码。但是国外生活学习方面和国内有很大差别，需要你有很强的适应能力；并且留学花费巨大，如果没选择好学校或者专业，那只能白白浪费几年的光阴和大笔金钱。

第四，创业。当下政府和社会都十分支持大学生自主创业，学校和银行都设有大学生创业基金。于是在政策一片大好的时局下，不少学生纷纷投身创业大军。学生年轻，渴望自由，不喜欢被束缚，认为与其给人打工倒不如自己做老板，放开手脚拼闯出一番自己的天地。有这样的志向固然好，但创办企业不是仅仅凭借着热情和蛮劲就可以成功的，作为一个领导者，他的知识面、人际关系处理能力、领导能力、决策能力等都要十分突出。所以学生们在创业之前一定要经过缜密的思考，分析利弊，当然还有的就是对市场风向的把握。

第五，为人打工。做一个职场“白骨精”是很多学生选择的未来出路，毕竟没有自主创业的风险高。大学一毕业立刻进入企业比混在大学更加有意义，工作表现突出的话还有加薪升职的可能。在企业打工自由度也较高，可以跳槽；能将自己的所学发挥到工作上，工作起来也会有成就感。

第六，自由职业。这可能是绝大多数“非主流”大学生最喜欢的职业。光听这个名字，多么具有文艺情怀，多么令人向往。似乎工作就是每天做自己喜欢的工作，不用拼死拼活地加班加点，自由安排自己的时间，哪怕一边旅行也可以一边工作。这种自由职业固然令人羡慕，弊端在于没有固定的工资和福利保障，年轻的时候可以从事，但还是奉劝同学们为未来多考虑。

以上六项，仅供参考，当然还有更多的路等待我们去走，重要的是，看我们大家怎么选择了。

从现在起，做一个社会新鲜人

每个人都有自己的梦想及理想职业，但往往因为这样或那样的原因不能实现。即便我们不能选择自己喜欢的工作，但我们可以选择自己工作的态度！90后别再自怨自艾！快培养正确的工作态度吧！

那怎样才能培养正确的工作态度呢？下面就教你几招。

第一，要认清现实。90后大学生依然觉得自己很年轻。年轻没错，但请不要再整天地把“我还是个孩子”“我还是个学生”这样的话挂在嘴边。大学生走上工作岗位，首要的就是先端正心态，重新定位自己的社会角色。以前你是子女，是学生，工作后你就是公司的职员。

第二，正确评估自己，端正心态。很多大学生在应聘的时候，都会过高或者过低地评估自己。有的学生对工作单位挑三拣四，嫌弃住宿条件不好；有的觉得工作岗位不适合自己；有的认为薪水太低，从而造成了高不成低不就的尴尬状态。走上工作岗位的学生必须明白，用人单位更注重的是你往后的工作能力，不论你是从什么名牌杂牌大学毕业。能力说明一切，文凭只看三个月。

第三，珍惜就业机会，不要总想着跳槽。在单位工作了一段时间，却每天被其他同事吆来喝去地做些打杂工作，心灰意冷，认为自己的才华本领没有得到施展，于是草率地放弃了工作，或者总是想着跳槽。人都是需要磨炼的，有一家著名的餐饮企业，各部门经理在上任之前，都会被分配到擦鞋的工作岗位上。没有谁能够一步登天，人生就是一个萝卜一个坑，正如《让子弹飞》中姜文说的：“路要一步一步走，走得快了会扯到蛋。”

第四，要有团队协作的精神。现在的企业不但包含由团队寻求资源，也包含主动帮助别人，以团队为荣。团队精神是如今企业最注重的一个方面，根据木桶理论，组成木桶的木板如果长短不齐，那么决定木桶盛水量的不是最长的木板，而是最短的。如今的企业更加注重团体的力量，如果你没有团队精神，自视过高的话，可能就会被踢出局。

大学生求职秘籍攻略

学生生涯最终宣告结束，无论舍得与否或怀念与否，无论畏惧或是向往，都必须向前迈出脚步。我的头儿，跆拳道社社长黄易弘，别看练跆拳道时稳准狠，弄起自己的求职简历却总是抓不住重点……

大学生面试求职，第一关就是简历。首先我们来看一下李开复先生给大学生的简历忠告，你就知道你的简历为什么被卡掉?

（1）粗心错误（代表这个人不认真）；

（2）太多没意义的name dropping（名人合照等）；

（3）过分邀功（例如把团队成果算成自己的）；

（4）太多形容词，太少数据（自我夸张没意义，靠数据说话）。

很多毕业生总是喜欢在自己的简历中加入很多荣誉、成就之类的东西，包括自己在社团获得的证书之类都要影印一份复印件一起交上去，似乎一本厚厚的简历就是成功的叩门砖。其实在调查过很多用人单位之后才明白，大学生简历，薄薄的一张或两张就足够了，那么厚的一本简历，跟自传似的，谁看啊?对那些想破脑袋都要凑一本“荣誉自传”的大学生而言，大多数用人单位的回答也许是当头一瓢冷水：我们对“荣誉”之类的不感兴趣，更喜欢简明扼要的简历。

不过简历毕竟不是企业了解学生的唯一途径，在企业看过你的简历之后，就是面试环节。很多学生在面试这个环节上放血很大，买西装，买领带，还要买皮鞋，买个合适的公文包，为了不显得档次低，通常都是千元以上。虽然有些企业有明确要求一定要穿正装，但大多数企业并不在意，只要干净整洁大方即可，当然也不能身着奇装异服。

很多企业对学生的言行举止和礼仪很注重，所以在这方面也要多加注意。另外也推荐大家多看看一些求职节目，这对大家求职会有不小的帮助。

拒绝庸碌，选择一份自己喜欢的工作

身边的姐妹们大多生活得很开心。突然有这样的感触，是因为某天谈起了工作的时候，有前辈说我们是：少年不识愁滋味。但识了愁苦的少年，又有什么乐趣呢?

如今的时代，大学生们更愿意为自己而工作，不像过去一样，觉得什么工作有保障你就必须选什么。比起过去，现在的社会渐渐变得宽容。

我们大学生应该在入学伊始就确定好自己喜欢的工作，并在往后的几年学习中为自己未来的工作努力学习。确定了喜欢的工作就相当于为自己的未来规划了一个长远的目标。

人是需要目标来激励的，那些好不容易考上大学却堕落的学生，他们的目标大多是父母的目标——苦读十二年就是为了考大学。结果考上大学，却发现自己突然失去了前进的方向，都上了大学了，还要追求什么呢？有人说大学是一个人青春最后的放纵。这话说得没错，突然没了升学的压力，四年的时光去想工作也太早了，学费生活费有父母资助……加上大学生活一般是由自己掌握。在这个阶段，大学生可以尽情地享受这个世界上最好的东西。但也正是这部分学生，在毕业之后往往会陷入惶惑。

很多学生觉得自己的兴趣很多，不知道到底最适合自己的是什么？结果在不停地选择之间浪费了时间，却依然一无所获。

兴趣是人积极探索某种事物的认知倾向，职业兴趣是有关职业偏好的认知倾向，不论人们是否了解某种职业的内在特征，都可能会对它作出是否喜欢的评价，因此，它反映的往往是人们对职业活动外部特征的认识。职业兴趣的培养一般要经历探究、爱好和定型三个阶段。

一个人的兴趣爱好有很多，那么如何才能了解自己的兴趣到底是什么呢？网络上有很多关于职业爱好的测试，其中著名的有霍兰德职业测试，它是由美国职业指导专家霍兰德根据他本人大量的职业咨询经验以及他所创立的“人格类型”理论为基础编制的测评工具。

我们经常说的一句话是：学以致用。但如今很多大学生从事的职业和专业毫不相干，细细追究下来，还是当初在填写专业的时候听从了父母所谓的“最好的安排”。

抱有这种想法的家长或者学生应该明白，工作不仅仅是一种赚钱的手段，它还是一种自尊的需要。一个真正立于世的成年人，人生的价值是通过工作体现出来的。

新人杀入职场注意事项

跟着咱们社团的社长出外拉赞助，竟然在公司里遇到了咱们学校的前辈！

看着前辈穿西装打领带的精英模样，我们这群穿着社团服，满脸狼狈的90后大学生就觉得分外丢人。没想到前辈竟然羡慕我们：“啊，又想起了我的大学生活啊，真羡慕你们。”

前辈说，一入职场深似海，稍有不注意，什么时候得罪了同事也不知道，对于我们这些将要踏入职场的90后，前辈忧心忡忡。

在此和同学们分享前辈的入职心经！

第一要尊敬领导。很多领导也许学历没有你高，也许你认为他普通话不好，衣服穿着没品位，你觉得他作出的很多决策都是有问题的，甚至是没必要的，使你压根从心里看不起你的上级。但是领导必定有他值得尊敬之处，只是你没有发现罢了。并且无论在什么地方，都有被尊重的需要，尊敬领导，不仅是一种智慧，也是一种修养。

第二是为人低调。新人刚入职场难免意气风发，脑袋里总想着要做出一个一鸣惊人的案子，但古训总在教育人们：树大招风。这句话没错，因为如果一个人太高调的话，难免会遭到他人的嫉恨。但是，这里所说的为人低调，并不是要你埋没自己的才华，而是要你为人低调，做事高调。为人要低调，是指在平日的工作生活中不要事事一马当先，总做出头鸟；做事高调，做人要懂得相机而动，这指的是工作方面。为人低调，做事高调，无疑在同伴心目中塑造了一个沉稳内敛，有才却不倨傲的形象。

第三要学会宽容。在职场生活中，同事之间难免磕磕碰碰，也许有的同事还会误会你。才刚刚进入职场的大学生难免受气，免不了找其他人诉苦。这就是禁忌了，可能你只是单纯地表达一下自己的不满，并没有别的意思。但此类话如果不小心传到上司耳中，那可能就犯下大错了。所以，还是告诫新生们，学会宽容，善待他人，小事情没有必要斤斤计较。

第四就是不争功。有些东西，是你的就是你的，不是你的就不是你的，新人入职场，要学会淡定，学会在面对着各种不公平的事情时保持从容的心态。

第五是高效率。任何公司都喜欢高效率的员工，因为高效率往往意味着低成本，新生入职场，一定要学会如何更好地利用时间。

最后就是要学会不辩解。也许有些事情并不是你的错，但黑锅却让你背上了。这时候千万不要在上级火冒三丈进行教育的时候辩解，人在气头上的时候根本听不进去任何的辩解，而且对方会将你的辩解视为一种反抗和狡辩。事实会证明一切，与其在嘴皮子上争胜，不如用实力说明一切。

以上六条看似简单，实际做起来却很难，因此大家还是努力实践，找出自己的方法，做一个合格的职场新人。

房东恶劣，租屋受气，大家都来818

毕业之后，大学生们开始面对生活的各种问题，柴米油盐酱醋茶，任何事情都要亲力亲为并且大多数人还要租房。其中难免会遇到恶劣的房东。人在屋檐下，不得不低头，先来看一看咱的学姐Lily和白娇遇到的恶劣房东的故事吧！

Lily搬过去的第一天，就发现卫生间下水道有问题，卫生间的水根本排不下去。她也不是娇气的大小姐，于是自己花钱买材料请人弄了个地漏。除此之外，卫生间里的窗户也没安玻璃，一到冷天和阴雨天，不是大风吹就是下小雨，这次也是她自己花钱请人来装好的。最可气的是在向房东说完之后，对方理直气壮地说道："本来就是你的问题！"

白娇也是一名毕业生，她遇到的问题比Lily的更让人无语。在签订租房协议之前，她仔仔细细地检查过房间，确定没什么问题之后才租下，还交了3000元的押金。房东一家对租客都很冷淡，白娇也习以为常。白娇房间的地板是复合板，样子很像木地板，这种复合板不能用潮湿的拖把，但这一点房东在租房子的时候并没有说明。后来过了一两个月，地板开始拱起来，开裂，白娇没有办法，请房东过来看看，没想到房东比她还生气："地板被你弄成这个样子，你肯定是要负责的！""怎么是我负责？租房的时候你又没有说。"白娇欲哭无泪，但也没有办法，只能自认倒霉。

随着大学生毕业的临近，又到了大学生租房旺季。我们也看了上面的故事，那么咱们大学生租房应该注意哪些事项呢？

第一，租房也要讲求"货比三家"，除了房子本身外，还要注意一下四周的环境是否安全安静。

第二，交押金之前要再三思量，不要着急。

第三，交押金时要和房东协商好是押一付三，押二付四还是别的方式。

第四，租房合同要细。要明确水费、电费、煤气费、电话费、有线电视费、卫生费和物业管理费等由谁支付；并列明租住前的各项数字，以区分责任。

第五，检查房东的房屋是否符合法律法规允许出租的房屋、租赁手续是否完备。

以上五条，大家可好好参考，是很多学长总结下来的经验哦，大家灵活运用吧！

你无情你残酷，工作与大学专业不相干？

因为社团活动而结识的京睿学长即将毕业，但他对自己的专业却感到相当幻灭，于是站在院部办公室门前大骂："你无情，你残酷！"深感丢脸的我们以光速将其拖走。

做一名学生最悲催的不是高考失败，而是我考了，考了很多分，最后走出大学校门，却没有相对应的工作。难道一切又要从头开始，那四年大学算什么？

根据网络上的调查数据，有超过半数的大学生毕业之后的工作与大学专业毫不相干。

有的同学认为，学什么不重要，反正未来出去之后有家人安排工作。好友小敏学的是计算机专业，毕业之后按照父母的安排在当地一家公司做了会计，跟自己的专业几乎没有关系。

京睿学长读大学后选的专业是生物工程，当初报考的时候因为一些媒体杂志鼓吹什么朝阳产业，生物工程被捧得很火，京睿毫不犹豫地报了这个专业。可毕业之后，同学要么是继续考研究生，要么就是出国深造，除了少数几个去从事酒业药业之外，大多数同学从事的都是和本专业毫不相干的工作。

还有一个例子，陈敏学姐毕业两年，一共找过四份工作，现在她在淘宝上开了 家网店，生活状态比那些朝九晚五的同班同学们轻松不少，而且赚的钱差不多。陈敏学姐说刚刚毕业的时候她找的第一份工作和专业相关，但因为工资太低，连生活都难以为继，她干脆辞了职，之后又做过其他与专业不相干的工作。但可能做学生的时候自由惯了，根本受不了那种紧张的办公室生活，于是最后咬牙辞职，选择了做自己喜欢又擅长的网店。

看了上面几个学长的故事，我们明白如今竞争激烈的社会，很可能我们在学校的专业跟我们以后的工作没多大关系。但是大家别惊慌，这也是常事，只要喜欢这份工作，并且能够胜任，那就是成功。

大学生职场生活忠告

社团前两届的学姐段颖到本市出差，顺便就来探访了一下曾经的母校。段颖学姐如今已经是一名公司部门经理，以前在学校里学的很多课本知识早就被忘到九霄云外了，但说起大学生初入职场的注意事项，学姐可是深有感触，下面我们就来看看她的忠告。

第一就是礼节方面。进入职场后，我们不再是大学校园里随意散漫的学生了！在职场中，你必须学会为人处世的基本礼节，不要在犯错之后还傻乎乎乐呵呵地毫不自知。

因此，工作中劝大家切记不要直呼上级的绰号。学生时期大家都习惯了互相直呼绰号，反正也没有什么关系，大家都是一笑而过，甚至还能培养感情。有的上级会为了促进感情给自己起个绰号或者外文名，但这样的称呼私下里过过瘾就好，在正式场合还是要使用正式的称呼。

还有就是，不要在大庭广众讲其他人的坏话。即使是在背后讲坏话都有被出卖的可能，更何况是大庭广众呢？人都是需要尊重的，伤害了同事的自尊，以后在工作上会给自己制造不必要的麻烦，而且以后再有什么秘密，其他的同事也不敢告诉你，因为你已经通过自己的行为塑造了一个绝对不可靠的形象啊！

第二就是友谊方面。有人说过，办公室友情遭到背叛，受到的伤害比爱情来得更猛烈。很多办公室友情都是伴随着新人一路成长起来的，一起工作、一起偷偷在茶水间聊天、一起在出租房里做饭、一起逛街，作为同事和朋友的两个人像当年校园里无话不谈的姐妹哥们儿一样。因此同学们在把握职场友情的时候一定要小心谨慎。

第三就是说话的艺术。不要抢着说话，也不要急着显示自己，不要上级还没说什么，自己就说个不停，不要马上问“为什么”。这会让上级觉得你在质疑他的决策。在工作中不要抱着随便的态度，在回答上级的问题的时候，如果总是随便地回答“好像是”“可能吧”会让你的工作形象也变得随便起来哦。

最后就是，职场暗语。很多新生初入职场，往往会因为一些不经意的小动作惹恼众人。比如安排会议的座次，有的人讲自古以来是以左为贵，所以安排座次的时候应该从左边开始，但有的人认为现在通用是以右为贵。不同的人有不同的想法，新人在这时往往费尽了心思，还弄得吃力不讨好的下场。遇到类似问题，虚心请教公司里的老员工，会减少不必要的麻烦。

职场中，还有很多细节需要我们注意，就不一一列举了。这是门很大的学问，需要我们自己在职场的学习锻炼中，慢慢体会，学以致用。最后，祝大家工作顺利，步步高升哦。

后 记

这样一本书读完，是否，有关青春的那一段时光会理得清清楚楚呢？

我想，没有。我只是试图把它说得更明白一些，如果你在书中找到了共鸣的那一段，懂了你懂的那一部分，做了你想做的那些事儿，我们就可以击掌庆祝了。当有一天，我们作别了校园，作别了同学，作别了朋友，仿佛也作别了青春的时候，莞尔一笑吧！那些抓住的，没有抓住的，忘记的，没有忘记的，都会上演在一部叫做“成熟”的新戏里。

成熟是个有些许疼痛的词，也许我们不会感受到获得，却一定会感受到失去。

从此，我们开始深一脚浅一脚地在梦想和现实的夹缝里生活，感慨万千。

但此刻我相信，你合上书的时候，心里是暖暖的，柔柔的，即使有忧伤，也是浅浅的，懒洋洋的。

真挚地感谢郑强、老三、卢宇东、马莉、王薇、焦阳、杨帆、徐林、西西、恋儿、夏学军、孙慧，谢谢你们参与的协助编写和资料核查工作。后来的后来，我们毕业了，从一个地方到另一个地方，但我们的情谊依旧像昨天一样炙热。

最后需要指出的是，本书在编写过程中撷取了一些精彩的短文，由于其来源广，有个别作者的地址不详，无法取得联系，所以希望能予以谅解，并致以衷心的感谢。凡认定自己是本书撷取短文作者的，敬请与我取得联系，只要情况属实，我们将按国家相关规定支付稿酬。

本书在编写过程中难免会存在不足，真诚地欢迎广大读者，特别是90后读者提出宝贵意见和建议，以帮助我们修正和完善，在此表示衷心的感谢。

编著者